EL REGRESO

CONVERSACIONES ACERCA del Apocalipsis

Héctor Hermosillo

EL REGRESO

CONVERSACIONES ACERCA del **Apocalipsis**

Héctor Hermosillo

e625.com

e625.com

EL REGRESO
e625 - 2023
Dallas, Texas
e625 ©2023 por Héctor Hermosillo

Editado por: Stefany Bremer

Diseño de portada e interior: JuanShimabukuroDesign @juanshima

ISBN: 978-1-954149-22-9

IMPRESO EN ESTADOS UNIDOS

Contenido

Dedicatoria

A toda la familia de Semilla de Mostaza y muy en especial a mi Familia «Semilla», quienes han tenido mucho amor y paciencia conmigo, y con los que comparto la misma pasión por la enseñanza sistemática de la Biblia y el discipulado cristiano. Deseo de todo corazón que este libro se convierta en una herramienta que nos ayude significativamente en la tarea que Jesús, nuestro gran Rey y Señor, nos encomendó: ir y hacer discípulos...

Juntos.

Para comenzar

Aunque conocí a mi esposa en un estudio bíblico donde semana a semana leíamos el libro de Apocalipsis, debo reconocer que su lectura, estudio y reflexión nunca fueron muy atractivos para mí. Quizá se debía a que cuando le proponía a mi madre leer juntos la Biblia su primera reacción era: «Leamos lo que tú quieras, excepto el libro de Apocalipsis». Entonces me pregunto: ¿cómo es que una maestra de Literatura Española como mi madre se sentía repelida por todas las ideas, enseñanzas y aun mitos asociados con Apocalipsis? Y es que lejos de producirle esperanza, la llenaban de temor e incertidumbre.

¿Qué es lo primero que piensas cuando alguien menciona el libro de Apocalipsis?

Algunas de las frases o palabras asociadas podrían ser: «el anticristo», «los cuatro jinetes», «el rapto», «el fin del mundo», «el juicio», «666», etc. Algo interesante es que dos de estas frases o palabras ni siquiera aparecen en el libro: «rapto» y «anticristo». Algunas de las palabras más importantes y fundamentales del libro son: «Cordero», «testigo» y «trono». Estas no son en las que solemos pensar, ya que carecen de ese *sensacionalismo* asociado con este «misterioso» libro, como muchos de los cristianos de todas las épocas lo han catalogado. ¿Será por eso que Martín Lutero (teólogo alemán reformador del siglo XVI) tuvo serias dudas acerca de la autoridad del Apocalipsis, o que Juan

Calvino (teólogo francés del siglo XVI) no escribió un comentario acerca del mismo?

Yoda

Este emblemático personaje, «maestro Jedi» de la *Guerra de las galaxias*, es conocido no solo por su poder extraordinario sino también por su gran sabiduría. Fue Yoda quien hizo famosas las palabras: «You must unlearn what you have learned» (debes desaprender lo que has aprendido). Creo que esta idea aplica para Apocalipsis; en un momento sentí que tenía una mezcla de ideas preconcebidas y prejuicios ajenos, y que me había saturado de ideas *extra apocalípticas*. Así que tenía que comenzar por el principio: leer el libro sin prisa y con cuidado, teniendo en cuenta su contexto histórico y literario y su relación directa con el resto de la Biblia, con las enseñanzas de Jesús y la doctrina cristiana y, finalmente, *considerar el daño potencial que una mala lectura puede ocasionar y el beneficio que puede traer a mi vida el leerlo apropiadamente.*

Esto no quiere decir que la lectura del Apocalipsis sea fácil, pero sí es necesaria. El teólogo británico Juan Wesley dijo: «Apocalipsis no fue escrito sino con lágrimas y no será sin lágrimas que pueda ser entendido».

La lectura más importante

Este libro no es un comentario bíblico sino una invitación a hacerte responsable de lo que tú mismo lees y entiendes. Apocalipsis se escribió para *dar esperanza* a aquellos discípulos que enfrentaban toda clase de padecimientos y martirios por mantenerse fieles al personaje principal del libro: Jesucristo. Por lo

La revelación de Jesucristo (parte 1)

Apocalipsis 1:1-3

¹ Esta es la revelación que Dios le dio a Jesucristo (la revelación de Jesucristo), para que él les muestre a sus servidores los acontecimientos que ocurrirán pronto. Jesucristo se los reveló por medio de un ángel a su siervo Juan. ² Juan puso por escrito la palabra de Dios y el testimonio de Jesucristo, y narró con veracidad todo lo que vio y oyó.

³ Bendito el que lee esta profecía y benditos los que la oyen y le hacen caso, porque la hora de su cumplimiento se aproxima.

Abre los ojos

1. Después de leer el verso 1, ¿cuál crees que es el título del libro?

2. ¿Cómo llega este mensaje hasta «su siervo Juan»?

3. ¿Quiénes son aquellos que reciben bendición a través de la lectura de este libro según el verso 3?

Abre la mente

El título de un libro o película no siempre te deja ver con claridad su tema principal, pero en el caso de Apocalipsis, desde la primera frase aparece tanto el título como el tema del libro: «Esta es la revelación que Dios le dio a Jesucristo» o «La revelación de Jesucristo».

Tema

La palabra que aparece en nuestras Biblias como «revelación» es la traducción de la palabra griega «apokalypsis» (apocalipsis), que literalmente significa remover una cortina, dejar al descubierto o revelar algo. Esta palabra aparece dieciocho veces en el Nuevo Testamento y es traducida como «revelación» en pasajes como 1 Corintios 14:26, y como «manifestación» en pasajes como Romanos 8:19.

«La revelación de Jesucristo» puede entenderse de dos maneras:

a. esús es el objeto mismo que ha de ser manifestado, puesto al descubierto o revelado.

b. Jesús es el medio o el conducto a través del cual Dios se revela al ángel, quien a su vez se lo comunica a Juan.

Estas dos ideas se complementan. Juan presenta *una clara descripción de Jesucristo,* mientras que el resto del libro contiene *información revelada a través de Jesucristo.* Jesús es tanto el objeto del testimonio como el medio para darlo a conocer.

El tema principal del Apocalipsis es Jesucristo, no el anticristo ni el fin del mundo. La razón más grande para estudiar este libro es conocer mejor a Jesucristo.

Género

La Biblia está compuesta por sesenta y seis libros que pertenecen a géneros literarios específicos: libros proféticos, históricos, poéticos, etc. ¿A qué género pertenece Apocalipsis? ¿Por qué es importante saberlo? Muy sencillo: porque leemos diferentes libros de distintas maneras. No podemos leer una novela de ciencia ficción de la misma manera en la que leemos la historia de la Segunda Guerra Mundial.

De la misma forma, no podemos leer la poesía en el libro de los Salmos de la misma forma en la que leemos la narrativa del libro de los Hechos. Conocer el género literario del Apocalipsis es impor-

La razón más grande para estudiar Apocalipsis es conocer mejor a Jesucristo.

tante, ya que una lectura incorrecta del texto nos llevará a hacer una interpretación y aplicación equivocadas. Algunos estudiosos han clasificado a Apocalipsis como un género «híbrido», una composición de tres géneros que están expresados con claridad en el prólogo.

El verso 1 nos habla de un género muy común de la literatura judeocristiana, el género «apocalíptico». El doctor J. J. Collins, afamado profesor del Antiguo Testamento de la Universidad de Yale, lo define así: *«Este género consiste en ofrecer un marco narrativo que media entre lo natural y lo sobrenatural, descubriendo así una realidad presente con trascendencia futurista».* Juan revela el contenido de la visión «fuera de este mundo» a fin de que sus lectores disciernan y respondan apropiadamente a la situación que están viviendo. Son llevados al «cielo» para tener una perspectiva «celestial» de las cosas. En ningún momento

Juan resta importancia al presente por darnos una visión del futuro; tampoco renuncia a la importancia que tiene el mundo material al llevarnos a considerar las realidades del mundo espiritual.

Los lectores somos llevados a un mundo diferente; es el mismo mundo que vivimos día a día, visto con implicaciones «celestiales» (pertenecientes al mundo espiritual) y escatológicas (del fin de la presente era). Algunos ejemplos bíblicos de esta clase de literatura están en Daniel 7 al 12, Mateo 24 y Marcos 13.

El famoso profesor de arte y religión de la universidad de Boston, Massachussets, Richard A. Horsley, escribió acerca de este género lo siguiente: «Los escritores judíos pertenecientes al género apocalíptico, lejos de ver el fin del mundo, ven el futuro como el fin del imperio; y lejos de vivir bajo la sombra de una anticipada destrucción cósmica, ven la renovación de la tierra donde se llevará a cabo la renovación de la sociedad humana». En lo personal, cuando pienso en el género «apocalíptico» no pienso en el fin del mundo sino en el fin de la maldad. Aunque el pesimismo es parte de este interesante género, no tiene la última palabra; es la antesala del más grande optimismo: el triunfo liberador de Dios sobre todos sus enemigos.

El verso 3 describe a Apocalipsis como una «profecía» (mensaje de parte de Dios), que ha de ser leída en voz alta en el contexto de una reunión de adoración cristiana. Pasajes como 22:6-7 y el 22:18-19 dejan en claro el contenido «profético» de este libro. Indudablemente Juan era parte del círculo de profetas judeo-cristianos de las iglesias de Asia Menor (22:6). Por tanto, la lectura pública de este libro en el contexto de las reuniones de adoración cristiana, sustituían la presencia de Juan y su mensaje profético. En la Biblia la profecía no se trata de pronunciamientos o predicciones acerca del futuro, sino del consuelo y desafío de Dios hacia su pueblo en situaciones históricas concretas. Los profetas siempre han consolado al pueblo de Dios en crisis con su testimonio y fe, asegurándoles que, a pesar de las circunstancias, Dios es Dios y que al final pondrá fin a la maldad. En Apocalipsis, Dios le recuerda a la iglesia, tanto de entonces como a la actual, que no debe rendirse ante las prácticas y dinámicas de un sistema que ha sido juzgado por Dios y que está a punto de desaparecer.

El libro entero está saturado de alusiones (menciones no textuales de un pasaje) a profecías del Antiguo Testamento, sin hacer referencias precisas o formales de dichos textos. Juan, como profeta, toma esos pasajes y se da a la tarea de reinterpretarlos, justo como los profetas del Antiguo Testamento hacían con sus predecesores.

Este mensaje profético, de carácter apocalíptico, ha sido preservado y ha llegado a nosotros en forma de carta escrita por un líder cristiano a siete iglesias en la provincia romana de Asia Menor, la actual Turquía. Después de anunciar la revelación de Jesucristo, en el verso 4 Juan cambia drásticamente al formato de una carta tradicional. Apocalipsis, por lo tanto, es una carta circular que habría de ser leída en siete iglesias de Asia. El nombramiento de las iglesias nos obliga a permanecer anclados en la historia y en el contexto real que estas iglesias estaban viviendo. Al leer Apocalipsis necesitamos entender estos tres géneros. Podemos concluir que, en cuanto al género literario,

Apocalipsis es una carta con contenido profético de carácter apocalíptico.

Lectura

El comienzo del libro trata de una bendición. Qué manera de comenzar uno de los libros más evitados, ignorados y mal leídos de toda la Biblia, ¿no te parece? Este maravilloso libro contiene siete bendiciones (1:3; 14:13; 16:15; 19:9; 20:6; 22:7; 22:14). Apocalipsis comienza de la manera en la que termina:

*«**Bendito** el que lee esta profecía y benditos los que la oyen y le hacen caso, porque la hora de su cumplimiento se aproxima»* (v. 1:3).

*«**Benditos** los que lavan su ropa para tener derecho a entrar por la puerta de la ciudad y comer el fruto del árbol de la vida»* (v. 22:14).

La primera bendición es un llamado a la fidelidad de sus discípulos, dejando en claro que no solo la conversión a Dios sino el discipulado cristiano es la fuente de toda bendición. La mayor bendición que un ser humano puede tener es la revelación de Jesucristo.

Abre el corazón

1. Si hicieras una película sobre Apocalipsis basada estrictamente en tu lectura de todo el libro (#ApocalipsisChallenge), ¿qué título le pondrías y por qué? Usa cinco palabras o menos.

2. ¿Qué ha sido lo último o más fresco que Dios te ha dicho a través de su palabra? ¿De qué manera pudiera ser esto un mensaje profético para ti?

3. ¿Qué parte del verso 3 refleja mejor tu actitud hacia la Biblia: el que lee, los que la oyen, los que le hacen caso u otro?

La revelación de Jesucristo (parte 2)

Apocalipsis 1:4-8

[4] Yo Juan, les escribo a las siete iglesias que están en la provincia de Asia: Gracia y paz a ustedes de Aquel que es, que era y que ha de venir, y de los siete espíritus que están delante de su trono, [5] y de parte de Jesucristo, el testigo fiel, que fue el primero en levantarse de entre los muertos y que tiene autoridad sobre todos los reyes de la tierra.

Al que nos ama y derramó su sangre para libertarnos de nuestros pecados, [6] y ha hecho de nosotros un reino de sacerdotes al servicio de Dios su Padre, ¡sean eternamente la gloria y el poder! ¡Amén!

[7] ¡Miren! ¡Viene en las nubes, ante los ojos de la humanidad entera, y hasta los que lo traspasaron lo verán! Y las naciones de la tierra llorarán de pesar por él. ¡Amén! ¡Que así sea!

[8] «Yo soy la A y la Z, —dice el Señor Dios—, el que es, que era y que ha de venir, el Todopoderoso».

Abre los ojos

1. ¿Cuántos elementos característicos de una carta puedes encontrar en los versos 4 y 5?

2. ¿Quién es la fuente de la gracia y la paz según los mismos versos?

3. ¿Cómo es que Jesucristo llega a recibir «la gloria y el poder» en los versos 5 y 6?

Abre la mente

La forma de su revelación (v. 4-5a)

El verso 4 refleja la composición de una típica carta helenística (perteneciente a la cultura griega), la cual comienza con el remitente o aquel que escribe la carta, en este caso Juan, el discípulo amado, seguido por los destinatarios, las siete iglesias que están en Asia y, por último, un saludo con una bendición especial: gracia y paz.

La literatura apocalíptica se caracteriza por usar un lenguaje altamente simbólico con imágenes plásticas y elocuentes que buscan conectar lo visible con lo invisible; estas imágenes nos invitan a «imaginar», a reflexionar y a participar de la visión desde la perspectiva del mismo Juan. Animales, colores, números, etc., adquieren un valor simbólico dentro de las visiones que intentan explicar lo inexplicable. Juan usa los números como adjetivos. El número siete representa la «totalidad» o la «plenitud» de la iglesia del Señor en todo lugar y en todas las épocas.

El autor comienza el libro haciendo una clara alusión al Padre, *«que es, que era y que ha de venir»* (1:4). Esta deriva de la revelación del nombre de Dios en Éxodo 3:14: *«Diles que te envía el Dios eterno, pues YO SOY EL QUE SOY. ¡Mi nombre es YO SOY! Simplemente diles: 'YO SOY es el que me ha enviado'».* Luego Jesús será identificado de una forma similar en el verso 22:13: *«Yo soy la A y la Z, el principio y el fin, el primero y el último»,* dando a entender que Jesús y el Padre son uno en esencia y naturaleza.

El pasaje menciona los siete espíritus. Ese siete describe la misma «totalidad» y «plenitud» del Espíritu de Dios, tal y como lo expresa el profeta Isaías (vv. 11:2-3).

La mención en el verso 5 de Jesús como el «testigo fiel» revela un aspecto muy importante de su ministerio: su sufrimiento y muerte abrieron la posibilidad del martirio para aquellos que entre sus lectores se consideren sus discípulos. El testigo fiel es también llamado «el primero en resucitar», no solo por su preeminencia y supremacía (Colosenses 1:18), sino enfatizando que la obra de Jesús ha sido consumada y que el principio de restauración de todas las cosas ha comenzado. La resurrección de Cristo es el hecho donde se ancla la fe cristiana y desde donde se puede ver el futuro con optimismo sin importar lo que pueda venir.

> **El amor de Dios es el elemento más poderoso de transformación, así como la gran motivación para servirle.**

El propósito de su revelación (v. 5b-6)

Las repercusiones del amor de Dios son eternas, cósmicas, reales; son para ti y para mí. «*Dios, no obstante, nos demostró su amor al enviar a Cristo a morir por nosotros, aun cuando éramos pecadores*» (Romanos 5:8). Su amor es el elemento más poderoso de transformación (Efesios 2:1-10), así como la gran motivación para servirle (2 Corintios 5:14-15). Su transformación y motivación nos capacitan para cumplir el propósito de darle gloria.

El alcance de su revelación (v. 7-8)

Al escribir Juan «*¡Él viene en las nubes!*», está uniendo la expectativa dada por Jesús a sus discípulos en Mateo 24:30 con el comienzo de su carta. Esta maravillosa expectativa del glorioso regreso de nuestro Señor fue abrazada por la iglesia primitiva (Hechos 1:9-11).

Juan nos da «tres equivalentes» que infundieron aliento y esperanza en medio de esa difícil época de persecución:

1. Yo soy la A y la Z

2. El que es, que era y que ha de venir

3. El Todopoderoso.

(Apocalipsis 1:8)

Abre el corazón

1. ¿De qué manera este prólogo te habla personalmente a ti?

2. Si esta carta está escrita para consolar y dar esperanza a los discípulos de Jesús dispuestos a enfrentar el martirio a causa de su fe, ¿te podrías incluir en ese grupo?, ¿por qué?

3. ¿Por cuál de los aspectos de Dios y del Señor Jesucristo («los tres equivalentes») mencionados en el verso 8 estás más agradecido hoy?

Juan, el discípulo

Apocalipsis 1:9-20

9-10 Yo, Juan, hermano de ustedes y compañero en el sufrimiento, en el reino y en la fortaleza que nos da Jesucristo, un día del Señor estaba en la isla de Patmos, a donde me habían desterrado por predicar la palabra de Dios y contar lo que sé de Jesucristo. Entonces quedé bajo el poder del Espíritu y escuché detrás de mí una voz que, estridente como toque de trompeta, 11 me dijo: «Escribe en un libro todo lo que veas, y envíalo a las siete iglesias que están en Asia: Éfeso, Esmirna, Pérgamo, Tiatira, Sardis, Filadelfia y Laodicea».
12 Cuando me volví para mirar al que me hablaba, vi siete candeleros de oro. 13 En medio de los candeleros estaba un personaje muy parecido al Hijo del hombre, vestido de un manto que le llegaba hasta los pies, y ceñido al pecho con una banda de oro.
14 Tenía el pelo blanco como la lana o la nieve, y los ojos penetrantes como llamas de fuego. 15 Sus pies parecían como bronce al rojo vivo en un horno, y su voz retumbaba tan fuerte como una catarata. 16 En la mano derecha sostenía siete estrellas; de su boca salía una espada aguda de dos filos. El rostro le brillaba con el resplandor del sol cuando brilla con toda su fuerza.
17 Al verlo, caí a sus pies como muerto; pero puso la mano derecha sobre mí y me dijo: «¡No temas! Soy el primero y el último, 18 el que vive aunque estuvo muerto; pero ahora vivo para siempre y tengo las llaves del infierno y de la muerte.
19 «Escribe lo que viste, lo que está sucediendo y lo que sucederá después. 20 El significado de las siete estrellas que tengo en la mano derecha, y de los siete candeleros de oro, es el siguiente: las siete estrellas son los ángeles de las siete iglesias, y los siete candeleros son las siete iglesias.

Abre los ojos

1. Hazle las «preguntas periodísticas» (qué, quién, dónde, cuándo, cómo, por qué) a los versos 9 y 11 y registra las respuestas a continuación.

2. Compara ahora los versos 12 a 18 con Daniel 10:4-10. ¿Qué similitudes y contrastes puedes encontrar entre estos dos textos?

3. ¿Cuál es la información que se nos da en los versos 19 y 20? ¿De qué manera crees que la misma nos puede ayudar en nuestra lectura de todo el libro?

Abre la mente

Perseverando en la palabra (v. 9-11)

Los judíos piadosos, que esperaban la restauración del reino de Dios, tenían muy presente el mensaje de los profetas anunciando que, cuando el Reino se manifestase, la paz verdadera vendría finalmente a la tierra. Esa realidad está en pasajes de Isaías: *«En ese tiempo el lobo y el cordero se echarán juntos, y el leopardo y las cabras estarán en paz. Los becerros y el ganado engordado estarán a salvo entre los leones, y un niñito los pastoreará a todos. (…) Nada habrá perjudicial ni destructivo en todo mi monte sagrado, pues así como las aguas llenan el mar, de igual modo la tierra estará llena del conocimiento del Señor»* (Isaías 11:6,9).

Por tal razón, muchos de estos judíos no podían entender cómo, junto con Jesús, su Mesías, y la restauración del Reino, eran anunciadas tribulaciones, persecuciones, etc. En la mente de estos hombres y mujeres piadosos estaba la pregunta: ¿por qué?,

¿por qué esta discrepancia?, ¿por qué si el Reino ha sido restaurado con el advenimiento del Mesías (Jesucristo), no tenemos esa paz de la que hablan la ley, los profetas y los escritos? La respuesta a esa gran pregunta le es dada a Juan a través del Apocalipsis.

Juan, como partícipe en la tribulación, en el Reino y en la paciencia de Jesucristo, sufre persecución por su fe como todo discípulo piadoso (2 Timoteo 3:12). Después de que los primeros cristianos se esparcieron por el mundo, la persecución se intensificó hasta llegar a uno de sus grandes clímax bajo el reinado del emperador Domiciano, quien reinó del año 81 al año 96 d.C. Él condujo una de las persecuciones más crueles

> Jesús puede sorprendernos con su revelación. Su revelación transforma y cambia dramáticamente la dirección de una vida.

contra nuestros hermanos. Juan, por su parte, nos dice que él vive en dos diferentes realidades: una es ser considerado un criminal, desterrado en una isla inhóspita, pero la otra es en el Espíritu.

La frase «en el Espíritu» refleja la conciencia de una relación vital con Dios a través de su hijo Jesucristo, lleno del Espíritu Santo (Efesios 5:18). A pesar de sufrir tribulación, Juan se sitúa en «el día del Señor» (v. 10). Esta frase era muy usada por los discípulos de Jesús según un documento llamado *«Didaché»* o «la enseñanza de los apóstoles» que estaba en circulación a finales del primer siglo y que trata acerca de la adoración pública y privada de la iglesia. La frase «el día del Señor» significa el primer día de la semana, cuando Jesús resucitó y cuando los discípulos de Jesús, según el Nuevo Testamento, se reunían a adorar (Juan 20:1-2; Hechos 20:7; 1 Corintios 16:1-2).

A pesar de estar en el Espíritu, Juan fue sorprendido con la voz de Jesús viniendo de una dirección diferente a la que esperaba. Jesús puede sorprendernos con su revelación y superar por mucho nuestras expectativas. Su revelación transforma y cambia dramáticamente la dirección de una vida (Mateo 11:25-27).

Perseverando en el conocimiento de Jesús (v. 12-18)

Juan está tratando de describir una figura que apela más a la imaginación que a la misma lógica. Cierra tus ojos e imagina que ves a Jesús vestido con ropas sacerdotales, ceñido con un cinturón dorado, con sus cabellos blancos y lleno de gloria y majestad. Te observa con esos ojos como de llama de fuego, los cuales dejan al descubierto quién eres. Él está de pie con sus pies refulgentes como el bronce, plantado, inconmovible, preparado para juzgar. Su voz, como una catarata, te quita el aliento. Su palabra ha traspasado como espada de dos filos tu alma y espíritu. El resplandor de luz que emana de su rostro es literalmente calcinante, irresistible, imposible de tolerar con la mirada, enceguecida por su resplandor que nubla todos tus sentidos. Lo único que puedes percibir es a Él; estás frente a Jesús, no puedes escapar. ¿Qué sucedería?

Sin duda Juan, por experiencia, sabe que Jesús es tierno, cálido e inclusivo, y que nos invita a tener una hermosa relación de amor y confianza con el Padre a través de él, pero en esta descripción deja en claro que Jesús es mucho más que «simplemente» eso. ¿Qué podría responder ante tan imponente revelación?, ¿qué responderías tú? Juan simplemente se desvanece, cae a sus pies «como muerto». Jesús, al tocarlo, le otorga el honor inmerecido de un rey que lo invita a conocerlo de una manera gloriosa; le recuerda quién Él es, qué ha hecho y qué es aquello que solo Él puede poseer: «las llaves del infierno y de la muerte». Culmina con una autodescripción del mismo Señor, dejando en claro que Dios el Padre y Jesús son el mismo (v. 17):

Dios Padre (1:8)
«Yo soy la A y la Z, —dice el Señor Dios—, el que es, que era y que ha de venir, el Todopoderoso».

Jesús (1:17)
«Al verlo, caí a sus pies como muerto; pero puso la mano derecha sobre mí y me dijo: ˝¡No temas! Soy el primero y el último˝».

Juan, en este comienzo del libro, manifiesta con claridad que Apocalipsis es un libro esencialmente «cristológico». Apocalipsis es el libro más claro, más profundo y que con más contundencia identifica a Jesucristo y al Padre como uno.

Perseverando en el servicio a «su» iglesia (v. 19-20)

El verso 19 parece ser un bosquejo organizativo del libro: lo que viste (capítulo 1), lo que está sucediendo (capítulo 2 y 3) y lo que sucederá (capítulo 4 al 22). En el verso 20, Juan nos presenta la primera explicación que él recibe directamente de Jesús. La totalidad o la plenitud de la iglesia, representada en estas siete iglesias, somos aquellos discípulos de Jesucristo que en todo lugar y a través de la historia, llevamos la luz de Jesús a dondequiera que vamos; la función de la iglesia, como la de un candelero, es brillar constantemente para nuestro Dios, llevando la luz de Jesucristo hasta los rincones más oscuros de este mundo.

Abre el corazón

1. ¿Cuándo fue la última vez que por causa de tu testimonio cristiano sufriste críticas, rechazo o persecución?

2. ¿Por cuál de los aspectos de «la revelación de Jesús» descrita en esta sección estás más agradecido en este momento?

3. ¿Qué crees que puedes hacer en lo personal para mantener esa luz encendida y brillar con más intensidad?

Éfeso,
la iglesia negligente

Apocalipsis 2:1-7

[1] Escríbele al ángel de la iglesia en Éfeso:
El que anda en medio de los siete candeleros y el que tiene las siete estrellas en su mano derecha te manda este mensaje:
[2] Estoy al tanto de la obra que realizas. Me he fijado en tu duro trabajo, en la paciencia que tienes. Sé que no toleras a los malvados y que has examinado cuidadosamente a los que se llaman apóstoles y no lo son, y te has dado cuenta de sus mentiras. [3] Y sé también que has sufrido por mi causa pacientemente y sin claudicar.
[4] Sin embargo, hay algo malo en ti: ¡Ya no me amas como al principio! [5] Recuerda de dónde has caído, arrepiéntete y trabaja como lo hacías antes. Si no lo haces, vendré y quitaré tu candelero de su lugar. [6] Pero hay algo bueno en ti: aborreces tanto como yo las obras de los nicolaítas.
[7] El que tenga oídos, escuche lo que el Espíritu dice a las iglesias: Al que salga vencedor le daré a comer del fruto del árbol de la vida que está en medio del paraíso de Dios.

Abre los ojos

1. Después de leer el mensaje de Jesús a esta iglesia, ¿qué es lo que te llama más la atención?

2. ¿Por cuántas cosas fue reconocida esta iglesia y por cuántas fue también reprendida?

3. Tómate un tiempo para leer Hechos 19:1-20 y descubrir por ti mismo: ¿de qué manera esta iglesia manifestaba su «primer amor»?

Abre la mente

Algunas consideraciones

Esta sección de Apocalipsis, comprendida por los capítulos 2 y 3, está llena de contenido práctico. Por lo tanto, estos dos capítulos representan una gran oportunidad para escuchar «lo que el Espíritu dice a las iglesias». Existen tres «niveles» para leer esta sección:

I. Las iglesias históricas en Asia Menor a las cuales les escribe Juan; cada una de ellas con sus propios problemas, y a su vez compartiendo parte de la problemática de las otras iglesias.

II. La «totalidad o plenitud» de la iglesia representada con el número siete. Es aquella iglesia ubicada en todo lugar, llamada también iglesia universal, no como denominación religiosa, sino como *la totalidad de la iglesia del Señor.*

III. Nosotros, tú y yo; este es un mensaje para aquel que tiene oídos, una invitación para escuchar (obedecer) «lo que el Espíritu dice a las iglesias».

Estos mensajes están escritos siguiendo un mismo formato que nos ayudará a leerlos, compararlos, reflexionar y a aplicarlos. Este es: recordatorio, reconocimiento, represión, advertencia y promesas.

Recordatorio (v. 1)

Jesús dirige su mensaje al ángel de cada una de las iglesias. Las asambleas cristianas o iglesias emergen en medio del contexto de las sinagogas judías. Ahí había diferentes personas encargadas de diversas tareas; una de estas personas era el «ángel», encargado de dirigir la oración y hacer los anuncios y las lecturas correspondientes a la asamblea. Jesús les recuerda que él es el que «anda en medio» de su iglesia, la cual es «cuerpo suyo» (Efesios 5:23). Como iglesia existimos en su presencia, justo donde Él está; no necesitamos ir a un edificio para experimentar esta realidad. Jesús es la cabeza, la luz y la vida misma de su iglesia (Mateo 18:20).

Reconocimiento (v. 2-3)

Después de Roma, Éfeso era una de las ciudades más importantes del imperio. Éfeso era la capital y la puerta comercial hacia Asia Menor, convirtiéndose en el puerto marítimo más importante en el mar Egeo. También era la casa de la séptima maravilla del mundo antiguo, el templo de la diosa Artemisa (llamada Diana por los romanos) y el centro idolátrico más importante de esa deidad. Hechos 19 nos cuenta la historia de esta prominente iglesia quien fue un «faro de luz» que alumbró a toda Asia. Hechos 19:10 dice, «No quedó en la provincia de Asia un solo judío o griego, que no escuchara la palabra del Señor». A esta misma iglesia Pablo le advierte que en medio de ellos se levantarán lobos rapaces (falsos profetas) que no perdonarán al rebaño (Hechos 20:29-30). Jesús reconoce el gran trabajo de enseñanza y discipulado llevado a cabo por esta trabajadora, perseverante y enfocada iglesia.

Reprensión (v. 4)

Su arduo trabajo, su poderoso testimonio, aun su amor por el mismo Señor, todo eso fue empañado al abandonar su primer amor. ¿Querrá el Señor con esta reprensión conmover a esta comunidad así como a las nuestras? ¿Habrá dejado esta reprensión, tan vaga y abierta, para que cada uno de nosotros le diera el sentido que quiera?

Quiero compartirles dos herramientas de interpretación que pueden ayudarlos en textos como este, que parecen claros pero que nadie a ciencia cierta sabe qué significan. Empecemos con el estudio «gramatical» de la palabra «primer». Esta es la palabra griega «*protos*», que significa «primero en importancia», «principal», «superior,» «eminente». ¿Cuál es el amor más importante o principal para un discípulo de Jesucristo? Juan escribió acerca del amor en su primera carta: «*Eso sí es amor verdadero. No se trata de que nosotros hayamos amado a Dios, sino de que él nos amó tanto que estuvo dispuesto a enviar a su único Hijo como sacrificio expiatorio por nuestros pecados*» (1 Juan 4:10). El amor que Dios mostró en la cruz por todos los pecadores al dar a su propio Hijo para que cualquiera que crea y confíe en él no se pierda, sino tenga vida eterna. Este amor escapa a la lógica humana: no lo comprendo, pero lo he creído y experimentado.

La segunda herramienta es la «correlación bíblica»; significa que cuando me encuentro ante pasajes que no logro comprender, siempre debo preguntarme: ¿qué más dice la Biblia acerca de este tema? Hechos 19 me dice que los inicios de esta iglesia fueron llenos de pasión por las almas en aquella región. Esta iglesia, después de un tiempo, perseveró en la enseñanza bíblica, protegiéndose así de los falsos maestros, pero olvidó que el corazón de Dios se alegra más por un pecador que se arrepiente que por noventa y nueve justos que no necesitan de arrepentimiento (Lucas 15:7).

Advertencia (v. 5)

Esta preciosa iglesia, que un día fue de tanta bendición no solo para la ciudad de Éfeso sino para toda Asia por su sencillo y valiente testimonio, estaba en riesgo de dejar de ser eso, una iglesia, un candelero de luz en medio de la oscuridad. ¿Qué puede quedar de una iglesia que deja de amar a aquellos que Dios ama tanto y por quienes dio a su Hijo amado (Juan 3:16)? El llamado era a recordar el momento o las circunstancias cuando las cosas dejaron de ser así; recordar las reuniones de oración donde los nombres de familiares y amigos perdidos en este mundo sin fe ni esperanza eran mencionados entre lágrimas y expresiones de adoración y alabanza. El recordar no tiene nada que ver con remordimientos sino con un deseo de cambiar, por lo tanto, esa es la segunda parte de la advertencia de Jesús a la iglesia de Éfeso: «Trabaja como lo hacías antes»; en otras palabras, cambia, regresa a donde comenzaste; quizá es pertinente escuchar las palabras del profeta Jeremías cuando dijo: «*El Señor* les dio el mejor consejo: Pregunten dónde está el buen camino, las instrucciones justas en *las que antes se orientaban, y vuelvan a vivir conforme a ellas...*» (Jeremías 6:16).

Esta fuerte y amorosa reprensión es una oportunidad de oro que esta comunidad no debe dejar escapar. El arrepentimiento, esto es, el cambiar nuestra manera de pensar por la manera de pensar de Dios revelada en su palabra, resulta en un cambio en nuestras acciones y un gozo indescriptible por hacer su voluntad (Salmos 40:8).

Promesa (v. 7)

Cada una de las promesas a estas siete iglesias tiene relación con la nueva Jerusalén como es descrita en el capítulo 22. A Éfeso se le promete participar del «árbol de la vida», el cual tiene su primera mención en la narrativa bíblica del Edén (Génesis 2:9), y aparece nuevamente en la nueva Jerusalén (Apocalipsis 22:2), tanto como fuente de alimento como de sanidad para las naciones. El hecho de que este árbol esté asociado con quienes vencen la tentación de ser infructuosos con su testimonio cristiano y con su amor por las almas es muy significativo.

Abre el corazón

1. ¿Cuál de los reconocimientos que Jesús hace a esta iglesia podría ser para tu iglesia o para ti?

2. ¿Cómo y cuándo fue la última vez que llevaste a alguien a «los pies de Cristo»?

3. Personaliza las instrucciones del Señor a Éfeso:

   a. *«Recuerda de dónde has caído»*: ¿cómo era tu vida cuando tu pasión era compartir con otros el evangelio de Jesucristo?

   b. *«Arrepiéntete»*: ¿qué cosas necesitan cambiar en tu manera de pensar y actuar?

   c. *«Trabaja como lo hacías antes»*: ¿qué puedes hacer esta semana para compartir el evangelio con alguien?

Esmirna, la iglesia rica

Apocalipsis 2:8-11

[8] Escríbele esto al ángel de la iglesia en Esmirna:

El primero y el último, el que estuvo muerto y resucitó, te manda este mensaje: [9] Estoy al tanto de que has sufrido mucho por el Señor y conozco tu pobreza. ¡Aunque eres rico! Conozco las difamaciones de los que se te oponen, que dicen ser judíos y no lo son, porque son una sinagoga de Satanás.

[10] No temas lo que has de sufrir. Para probarlos, el diablo arrojará a algunos de ustedes en la cárcel y los estará persiguiendo durante diez días. Sé fiel hasta la muerte y yo te daré la corona de la vida.

[11] El que tenga oídos, escuche lo que el Espíritu dice a las iglesias: El que salga vencedor no sufrirá daño alguno de la segunda muerte.

Abre los ojos

1. Después de leer el mensaje de Jesús a Esmirna ¿qué es lo que más te llama la atención?

2. ¿Qué señales de «riqueza» encuentras en los reconocimientos y promesas que recibe Esmirna?

3. ¿Qué podemos aprender acerca del sufrimiento basados en las promesas de Jesús a Esmirna?

Abre la mente

Recordatorio (v. 8)

La ciudad de Esmirna, la única de las siete ciudades de Asia Menor mencionadas en Apocalipsis que aún sigue en pie, fue fundada un par de milenios antes de Cristo. Esmirna es cuna de hombres célebres como Homero, autor de La Ilíada y La Odisea. En el año 600 a.C. fue devastada por completo por los lidios, permaneciendo así por tres siglos, hasta que en el año 290 a.C. «volvió a vivir». Interesantemente, Jesús se presenta a Esmirna como «el que estuvo muerto y resucitó». Esmirna debía observar en su propia historia la metáfora de la «vida después de la muerte» y la «gloria después de la humillación» que Jesús estaba invitándoles a considerar.

Reconocimiento (v. 9)

El reconocimiento que Jesús hace a cada una de estas iglesias se basa en sus obras; ¿por qué son tan importantes las obras? ¿Acaso distinguen a los discípulos de Jesús? ¿Se propone Dios llevar a cabo algo especial a través de ellas? ¿Qué relación existe entre las obras y la fe?

Esmirna era el centro más importante para la adoración o culto al emperador, el cual era básicamente una mezcla de teocracia y monarquía, de cuyos sacrificios y prácticas religiosas estaban exentos los judíos. El imperio romano hacía distinción entre judíos y cristianos, y estos últimos eran obligados a participar en prácticas paganas siendo perseguidos, maltratados y privados de sus derechos. Por esto los cristianos comenzaron a empobrecerse siendo privados de sus pertenencias y siendo cruelmente torturados, mientras que los judíos, al ser empoderados por los romanos para perseguirlos, son considerados en el mensaje a las siete iglesias como una «sinagoga de Satanás».

Jesús desafía lo terrible de sus circunstancias llamándolos «ricos». La enseñanza del evangelio deja en claro que la riqueza no tiene que ver tanto con lo que tienes sino con lo que eres: «*Él entonces miró a sus discípulos y les dijo: 'Dichosos ustedes los pobres, porque el reino de Dios les pertenece'*» (Lucas 6:20). Santiago, el hermano del Señor, escribe acerca de esa misma verdad haciéndose eco de sus palabras: «*Escuchen, hermanos queridos: Dios ha escogido a los que son pobres según el mundo, para que sean ricos en fe y reciban como herencia el reino que él prometió a quienes lo aman*» (Santiago 2:5).

¿De cuántas maneras puede ser enriquecida una persona, una familia o una comunidad como Esmirna al confiar en Jesucristo como su Señor y Salvador? Era evidente que Jesús había escogido a Esmirna para enriquecerla con toda bendición espiritual (Efesios 1:3), para que a su vez esta comunidad enriqueciera a otros con los tesoros eternos del evangelio (2 Corintios 6:10).

Reprensión

Esta es una de las variables del mensaje de Jesús a las iglesias. En el mensaje a Esmirna no encontramos reprensión para ellos.

Advertencia (v. 10)

La persecución hacia los cristianos era inevitable y, sin duda, parte del plan divino. En esta advertencia podemos escuchar el consuelo de Jesús y la promesa de vida que solo «el que estuvo muerto y resucitó» puede ofrecer. Esta clase de tribulación, persecución y prueba es parte de la vida del discípulo. El número diez aparece muy a menudo dentro del lenguaje bíblico:

> ➤ Las tablas de la ley dadas a Moisés contienen diez mandamientos (Éxodo 20:1-17).

> ➤ Las diez cortinas de lino que cubrían el tabernáculo (Éxodo 26:1-6)

> ➤ Diez cuernos en la cabeza del dragón (Apocalipsis 12:3)

> ➤ En la cultura judía se requieren diez varones para establecer una sinagoga judía.

Parece que esta imagen nos invita a meditar que todo el poder y autoridad que el ser humano ostente siempre será limitado.

Todo el poder y autoridad que el ser humano ostente siempre será limitado.

Algunos también han visto en el diez una forma para describir la plenitud (como en el caso del siete), pero desde un punto de vista humano, no divino. El diez expresa cierta ambigüedad porque por una parte expresa totalidad, pero sujeción a la autoridad y tiempo delimitados por el Señor. A todos los discípulos desde el primer siglo hasta hoy se nos dice que, aunque desde nuestra perspectiva la crueldad, la maldad y la opresión parezcan totales y en esta vida no tengan límite, a la luz de la eternidad duran solo un corto periodo: «*Sin embargo, lo que ahora sufrimos no tiene comparación con la gloria que se nos dará después*» (Romanos 8:18).

Promesa (v. 11)

Policarpo, el célebre obispo de la iglesia de Esmirna (69 d.C. - 155 d.C.) y discípulo directo del apóstol Juan (como lo registran en sus escritos Ireneo, Tertuliano y Jerónimo), fue un discípulo que en su martirio experimentó la promesa que Jesús dio a su amada comunidad. Estando escondido porque lo buscaban, un niño lo denunció. Él le ofreció de comer a sus captores y les pidió que le concedieran una hora para orar. Su oración fue con tal intensidad que los guardias sintieron mucho haberlo arrestado. Sin embargo, lo llevaron delante del procónsul y fue quemado en la plaza del mercado. El procónsul le insistía: «jura y te daré libertad; blasfema contra Cristo», Policarpo respondió: «Durante ochenta y seis años le he servido y nunca me ha hecho mal alguno: ¿cómo voy a blasfemar contra mi rey que me ha salvado?». Su historia fue recopilada y contada brillantemente por John Foxe en su obra «*El libro de los mártires*», que es un clásico de la literatura cristiana. Relata que hasta nuestros días ha habido una constante a través de la historia: la persecución y el martirio de la iglesia del Señor. ¿Acaso la iglesia de Esmirna, Policarpo y la iglesia del Señor con sus mártires han sufrido daño alguno de la segunda muerte? Pienso que no; ellos fueron persuadidos de la bondad y la misericordia de nuestro Dios al enviar a Jesucristo a morir por sus pecados para que creyendo en él tuvieran vida eterna.

Abre el corazón

1. ¿De qué forma sientes que tu fe y tus obras están relacionadas? ¿Se corresponden o son diferentes entre sí?

2. Comparándote con Esmirna, ¿dirías que eres rico o eres pobre? ¿Por qué?

3. ¿De qué manera puedes llegar a NO sufrir «daño alguno de la segunda muerte»?

Pérgamo, la iglesia tolerante

Apocalipsis 2:12-17

[12] Escríbele al ángel de la iglesia en Pérgamo:
El que tiene en la boca la espada aguda de dos filos te envía este mensaje:
[13] Sé bien que vives en la ciudad donde Satanás tiene su trono; sin embargo, te has mantenido fiel a mí y no me negaste ni siquiera cuando en esa ciudad de Satanás llevaban al martirio a Antipas, mi fiel testigo.
[14] Pero tengo unas pocas cosas contra ti: Toleras a los que persisten en la doctrina de Balaam, el que le enseñó a Balac cómo hacer caer en pecado al pueblo de Israel, alentándolo a entregarse a fiestas idólatras e incitándolo a la inmoralidad sexual. [15] También toleras a los que persisten en la doctrina de los nicolaítas.
[16] Si no te arrepientes, iré pronto a ti y pelearé contra ellos con la espada de mi boca.
[17] El que tenga oídos, escuche lo que el Espíritu dice a las iglesias: El que salga vencedor comerá del maná escondido, y le daré una piedra blanca en la que habré grabado un nuevo nombre que sólo conoce el que lo recibe.

Abre los ojos

1. ¿Qué es lo que más te llama la atención al leer el mensaje de Jesús a la iglesia de Pérgamo?

2. Después de leer los versos 13 a 15 ¿dirías que son más las cosas buenas o las cosas malas que Jesús encuentra en Pérgamo?

3. Para quién piensas que es la reprensión de Jesús a esta iglesia: ¿para los que retienen esas doctrinas (de Balaam y de los nicolaítas), o para los que las toleran sin hacer ni decir nada?

Abre la mente

Recordatorio (v. 12)

Jesús se presenta a Pérgamo como la máxima autoridad representada por el poder de «la espada aguda de dos filos». Esto es una referencia a la espada del juicio del procónsul, gobernador romano de la provincia de Asia Menor, cuyo recinto estaba en Pérgamo, capital de la provincia. A la ciudad de Pérgamo se le había concedido la autoridad, poco común, de ejercer la pena capital, simbolizada por la espada. En la mente de los discípulos que vivían en aquella ciudad, la espada representaba el poder de la vida o la muerte, el cual Jesús ejerce con la espada de su boca, la palabra de Dios (Hebreos 4:12). Al separar con su espada a los creyentes de la influencia del mundo, Jesús les recuerda que él es el único que tiene la autoridad de juzgar todas las cosas (Juan 12:48). A través de esta autodescripción con la que Jesús comienza su mensaje, les recuerda que, aunque ellos vivían bajo la autoridad ilimitada del imperio, eran ciudadanos de un imperio mayor y eterno, donde no es necesaria otra espada, excepto aquella que sale de la boca del rey.

Reconocimiento (v. 13)

A pesar de que Antipas fue un personaje desconocido, recibe un reconocimiento especial del Señor. Su muerte como mártir del Señor manifiesta que esta comunidad guardó celosamente la fe en Jesús. Esta iglesia era fiel, aunque estaba asentada en un recinto político y religioso donde el procónsul, representando los intereses de Satanás, endurecía la cultura opresora y anticristiana del imperio romano. Desde sus inicios, el libro de Apocalipsis denuncia la tiranía y opresión de un imperio que busca a toda costa defender sus intereses políticos y económicos. ¿Cómo no reconocer a aquellos discípulos que mantienen su fidelidad y compromiso para dar testimonio de Jesús en ese lugar de tanta oposición al evangelio?

Reprensión (v. 14-15)

La corrupción de la iglesia no vino por alguna vía externa; la iglesia estaba dispuesta, aun a precio de sangre, a defender de cualquier ataque la fe y el nombre de Jesús (v. 13). Pero ¿qué de aquellos ataques que vienen de los que se consideraban seguidores de Jesús? La reprensión de Jesús es porque tenían en medio de ellos a aquellos que poseían la doctrina del profeta Balaam. La historia de Balaam está en el libro de Números. Balac, el rey moabita, prometió a Balaam pagarle jugosos honorarios si maldecía a los israelitas, quienes estaban a punto de invadirlo. Balaam pidió permiso a Dios, el cual le fue negado, y, aun así, viajó para encontrar a Balac a pesar de que su mula de carga le reprendió. A pesar de su necedad, Dios utilizó al profeta para dar cuatro mensajes de cómo Dios habría de bendecir a Israel. Balaam no pudo maldecir a Israel así que elaboró otro plan: la seducción. Balaam instruyó a los moabitas a convencer a los hombres de Israel para que participaran en la adoración a Baal, el dios de los cananeos; lo que no pudo hacer Balaam maldiciendo a Israel lo consiguió seduciéndolos. Pérgamo había caído en esta trampa. Lo mismo sucedía con los que toleraban a los que persistían en la doctrina de los nicolaítas. No sabemos

> **En el momento en el que la iglesia deja de ser contracultural compromete su mensaje abrazando los «valores temporales» de la época, perdiendo así su influencia y su razón de ser.**

exactamente qué enseñaba esta agrupación herética o secta religiosa, pero era algo rechazado por Jesús. Alguien dijo: «lo que la primera generación tolera, la siguiente generación lo abraza», y eso es justo lo que debía evitarse a toda costa.

Advertencia (v. 16)

La Biblia deja en claro que Él se encarga de los falsos profetas y de los falsos maestros que seducen a la iglesia del Señor. El salmista dice: *«Al malvado ciertamente le sobrevendrá calamidad»* (Salmo 34:21a).

El llamado de Jesús para Pérgamo es un llamado al arrepentimiento, a la acción, a abandonar la tolerancia. Pérgamo representa la iglesia «tibia» que, por ser inclusiva en sus propios términos, se convirtió en una iglesia tolerante que mezcla sus creencias con las del mundo a su alrededor. ¿Qué luz puede reflejar una iglesia si esa luz está empañada por el pensamiento humano que busca sus propios placeres e intereses mezquinos y autodestructivos?

En aras de la relevancia (mal entendida), la iglesia ha comprometido su mensaje, que es más que relevante y adecuado para el mundo en que vivimos; la iglesia de Jesucristo es esencialmente contracultural ya que anuncia el reino de Dios. En el momento en el que la iglesia deja de ser contracultural compromete su mensaje abrazando los «valores temporales» de la época, perdiendo así su influencia y su razón de ser.

Promesa (v. 17)

Un mensaje como el que Jesús le da a Pérgamo necesita ser escuchado y guardado por cada discípulo de Jesucristo de hoy en día. Jesús nos advierte: «El que me rechaza y no obedece mis palabras tiene quien lo juzgue. La palabra que yo he hablado será la que lo juzgue en el día final» (Juan 12:48). Esta batalla se gana poniendo atención y obedeciendo la palabra de Dios (1 Samuel 15:22).

Hay tres cosas que les son prometidas a la iglesia de Pérgamo:

> «El maná escondido» - Dios sostuvo milagrosamente la vida de su pueblo a través del desierto rumbo a la tierra prometida dándoles el maná del cielo; una porción de ese maná fue «escondido» en el lugar santísimo. Jesús es el maná que descendió del cielo (Juan 6:48-51), es quien da vida a su iglesia. Aunque está «escondido» de nuestra vista, pronto «todo ojo lo verá».

> «Una piedra blanca» - En las competencias deportivas, los campeones eran condecorados con una piedra

blanca que les servía como entrada a la «celebración de campeones»; esta es una bella metáfora acerca de lo que Dios tiene reservado para todos los campeones de la fe.

> «Un nombre nuevo» - Dios cambió el nombre de algunos de los patriarcas como Abram (Génesis 17:5) y Jacob (Génesis 32:28), a los cuales consideró como grandes héroes de la fe.

Abre el corazón

1. ¿Qué es la Biblia para ti? ¿Es un libro interesante, lleno de sabiduría? ¿Es importante para tu fe, la máxima autoridad en tu vida, la palabra de Dios, una espada aguda de dos filos? ¿Otro?

2. ¿Eres en tu familia y tu iglesia como un «termómetro», que refleja la temperatura espiritual a tu alrededor? ¿O eres como un «termostato», que establece o cambia la temperatura si es necesario?

3. ¿Puedes recordar algunos versos en el N.T. que hablen de la responsabilidad que tenemos de cuidarnos espiritualmente unos a otros?

Preguntas Adicionales:

> ¿Cuáles son los aspectos de la cultura del mundo que ya están presentes en tu familia, en tu célula, en tu iglesia?

> ¿Por cuáles de estas prácticas estás más triste y cargado, y te sientes llamado a hacer algo?

> ¿Qué puedes hacer para poner fin a la mentalidad del mundo que reduce a la Biblia a ser un libro de fábulas?

Tiatira, la iglesia moderna

Apocalipsis 2:18-29

[18] Escríbele al ángel de la iglesia en Tiatira: Este es un mensaje del Hijo de Dios, cuyos ojos fulguran como llamas de fuego y cuyos pies son como bronce al rojo vivo.

[19] Estoy al tanto de las obras que realizas, de tus bondades, de tu fe, de tu servicio y de tu perseverancia. Sé que ahora estás haciendo mucho más que cuando comenzaste.

[20] Sin embargo, tengo esto contra ti: Tú permites que Jezabel, la que dice ser profetisa, enseñe a mis siervos a practicar inmoralidades sexuales y a comer carne sacrificada a los ídolos. [21] Le he dado tiempo para que se arrepienta de su inmoralidad, pero se niega a hacerlo.

[22] Por eso, la voy a arrojar en un lecho de intensa aflicción; y junto a ella arrojaré a sus amantes y los haré sufrir terriblemente si no se vuelven a mí, arrepentidos de los pecados que han cometido con ella. [23] Y a los hijos de esa mujer los heriré de muerte. Así sabrán todas las iglesias que yo escudriño la mente y el corazón y que a cada uno le doy su merecido.

[24] En cuanto a los demás de Tiatira que no han seguido estas falsas enseñanzas (que algunos llaman profundos secretos de Satanás), no les pediré nada más. [25] Eso sí, retengan firmemente lo que tienen hasta que yo vaya.

[26] Al que salga vencedor y se mantenga hasta el final haciendo lo que me agrada, le daré autoridad sobre las naciones, [27] de la misma manera que el Padre me la dio a mí; y las regirá con vara de hierro y las hará saltar en pedazos como vasos de barro. [28] ¡Y también le daré la estrella de la mañana!.

[29] El que tenga oídos, escuche lo que el Espíritu dice a las iglesias.

Abre los ojos

1. Compara el reconocimiento del versículo diecinueve con la represión que Jesús le da a Tiatira en los versos 20 y 21. ¿Cuál dirías que es más extenso?

2. ¿Qué opinión tendrías de la iglesia de Tiatira si no hubiera ninguna clase de represión contra ella?

3. Haz una lista de todo lo que aprendas acerca de Jezabel en los versos 20 al 23.

Abre la mente

Algunas cosas interesantes con relación a este mensaje es que está dirigido a la más pequeña (y casi insignificante) de las siete ciudades, pero cuyo mensaje es el más extenso. Estos siete mensajes están organizados con una simetría digna de comentar: los tres primeros mensajes destacan un problema (Éfeso), una virtud (Esmirna) y un problema (Pérgamo); los últimos tres destacan corrupción (Sardis), virtud (Filadelfia) y corrupción (Laodicea). Tiatira, al estar justo a la mitad, contiene una característica de cada iglesia:

Éfeso: problema – Esmirna: virtud – Pérgamo: problema

Tiatira: problema, virtud y corrupción

Sardis: corrupción – Filadelfia: virtud – Laodicea: corrupción

Revelación (v. 18)

No hay una iglesia tan insignificante ni pequeña que quede lejos de la mirada de Jesús. Tampoco existen problemas demasiado pequeños dentro de la iglesia del Señor, ya que pueden representar grandes peligros que necesitan ser detectados, enfrentados y resueltos. Y ¿quién mejor que Aquel que tiene «ojos como llama de fuego» para conocerlos? El «Hijo de Dios», título que enfatiza tanto la deidad de Jesús como su derecho a reinar (Salmo 2:7; Juan 1:34), ha resucitado y está de pie, firme sobre sus pies de «bronce bruñido», listo para juzgar.

Reconocimiento (v. 19)

Lo primero que Jesús observa en su iglesia son las obras; estas son la evidencia de nuestra fe. Las obras conjugan conceptos básicos y poderosos en el Nuevo Testamento, como la fe y el amor (Gálatas 5:6). En ese sentido, Tiatira era una iglesia virtuosa, porque mientras en Éfeso el amor iba en decadencia, en Tiatira las obras iban en ascenso. Sus obras más recientes eran mayores que las primeras, estaban «haciendo mucho más» que cuando comenzaron.

Represión (v. 20-23)

Las mujeres eran una parte importante en la vida de la iglesia, particularmente en lo relacionado al ministerio profético, como muestran estos interesantes pasajes en el Nuevo Testamento: «*También estaba en el templo una profetisa, Ana, hija de Penuel, que pertenecía a la tribu de Aser. Era muy anciana…*» (Lucas 2:36); «*Felipe tenía cuatro hijas solteras que poseían el don de la profecía*» (Hechos 21:9).

Pero en Tiatira, una mujer había usurpado la voz de Dios. Jezabel pudo haber sido una persona real o quizá esta sea una referencia «proverbial» a alguna líder con las características de aquella malvada mujer, esposa del rey Acab de Israel (874-853 a.C.), quien los influenció para que adoraran a Baal e intentó acabar con todos los profetas de Dios en Israel (1 Reyes 18:4). Ella hizo gran daño; por eso, su nombre es sinónimo de maldad, usurpación, engaño, idolatría, etc. La Jezabel de Tiatira se había autoproclamado profetisa, práctica común de los falsos maestros hasta nuestros tiempos (2 Pedro 2:1-2).

Tiatira fue una ciudad de Asia Menor con muchos gremios y sindicatos (alfareros, artesanos, etc.). Cada uno de ellos tenía su propia deidad a la que todo agremiado debía adorar. Para convencer a los discípulos del Señor a participar de esta práctica pagana, Jezabel debió usar su supuesta autoridad profética para sacar de contexto algunos principios bíblicos, tales como los referidos a comer carne sacrificada a los ídolos (1 Corintios 8:4), ignorando el llamado a no tener comunión con eso (1 Corintios 10:20).

Advertencia (v. 24-25)

Una estrategia de los falsos profetas (A.T.), repetida también por los falsos maestros (N.T.), es seducir con «discursos arrogantes y huecos» a sus seguidores (2 Pedro 2:18). Estas palabras «infladas» buscan inquietarnos, menospreciando que Jesucristo *«nos bendijo con toda clase de bendiciones espirituales en los cielos porque pertenecemos a Cristo»* (Efesios 1:3). Jesús mandó a los que se atrevieron a decirle no a Jezabel que retuvieran aquello que ya tenían. ¿Te has puesto a pensar qué es aquello que ya tienes? ¿Qué otra cosa puede ser más valiosa que Cristo? (Juan 1:12; 1 Juan 5:11; Colosenses 2:7-10).

Estamos completos en Él, ¡qué maravillosa verdad! Pero para algunos en Tiatira, Jesús no era suficiente, anhelaban escuchar más y más acerca de aquello a lo que Jesús se refiere como «profundos secretos de Satanás». El llamado de Jesús es sencillo pero contundente: «*Retengan firmemente lo que tienen*» (v. 25); esto es, a Cristo. Presta atención a sus enseñanzas y ponlas en práctica (Mateo 7:24).

> La iglesia es llamada a influenciar a su entorno con esa influencia irresistible que solo el amor y el sacrificio por el beneficio de otros puede producir.

Promesa (v. 26-29)

Jesús nos enseñó acerca de gobernar sobre las naciones con su estilo de liderazgo y enseñanza en Marcos 10:42-45:

«Por eso, Jesús los llamó y les dijo: —Como saben, los que se consideran jefes de las naciones oprimen a su gente, y los grandes abusan de su autoridad. Pero entre ustedes debe ser diferente. El que quiera ser superior debe servir a los demás. Y el que quiera estar por encima de los otros debe ser esclavo de los demás. Así debe ser, porque el Hijo del hombre no vino para que le sirvan, sino para servir a los demás y entregar su vida en rescate por muchos».

Su iglesia es llamada, a través de la promesa dada a Tiatira, a influenciar a su entorno con «vara de hierro», con esa influencia irresistible que solo el amor y el sacrificio por el beneficio de otros puede producir. Resulta emocionante «anticiparnos» al glorioso regreso del Señor de esa manera; de hecho, originalmente el planeta Venus era conocido como «la estrella de la mañana» por su extraordinario y constante brillo, anunciando el amanecer de un nuevo día. El apóstol Pedro retoma esta idea resaltando la necesidad de estar atentos a «la palabra profética» (la palabra de Dios) «como antorchas que disipan la oscuridad, hasta que el día esclarezca y la estrella de la mañana brille en sus corazones» (2 Pedro 1:19). La idea detrás de este imperativo es que ese lucero de la mañana, antes de brillar en el firmamento, necesita brillar en nuestros corazones y ser una realidad en cada discípulo de Jesús; ese lucero de la mañana será real para la gente a nuestro derredor cuando lo sea en cada uno de nuestros corazones.

Abre el corazón

1. De los elogios que Jesús tiene para la iglesia de Tiatira, ¿cuál de ellos piensas que podría ser también para tu comunidad de fe? ¿En cuáles pueden trabajar?

2. ¿Cuándo fue la última vez que por influencia de otra persona fuiste tentado a no tomar en cuenta el consejo de Dios en su palabra?

3. ¿Quién sería en este momento para ti «Jezabel», cuyos consejos te están apartando de tu fe, confianza, amor y fidelidad a lo que Dios dice en su palabra? (No es necesario dar nombres).

Sardis, la iglesia casi cristiana

Apocalipsis 3:1-6

[1] Escríbele al ángel de la iglesia en Sardis:
Este mensaje te lo envía el que tiene los siete espíritus de Dios y las siete estrellas.
Estoy al tanto de la obra que realizas. Tienes fama de estar vivo, pero sé que estás muerto. [2] ¡Despiértate! Cuida lo poco que te queda, porque aun eso está al borde de la muerte. Me he dado cuenta de que tus actos no son perfectos delante de mi Dios.
[3] Vuélvete a lo que oíste y creíste al principio; guárdalo firmemente y arrepiéntete. Si no lo haces, iré a ti como ladrón, cuando menos lo esperes.
[4] No obstante, hay en Sardis algunas personas que no han manchado sus ropas. Por eso, porque son dignas, caminarán a mi lado vestidas de blanco.
[5] El que salga vencedor recibirá ropa blanca; no borraré su nombre del libro de la vida sino que reconoceré su nombre ante mi Padre y ante sus ángeles.
[6] El que tenga oídos, escuche lo que el Espíritu dice a las iglesias.

Abre los ojos

1. Después de leer con detenimiento los versos 1 a 6, ¿qué es lo que más llama tu atención en este mensaje a Sardis?

2. ¿Cómo puedo conocer el «diagnóstico» de Jesús para la iglesia en Sardis? Elabora una lista de todo lo que el texto

dice, tanto por declaración como por implicación, acerca de su estado espiritual.

3. ¿Cuáles son las instrucciones precisas de Jesús para esta iglesia?

Abre la mente

Revelación (v. 1a)

Sardis era una ciudad conocida por su riqueza y su comodidad. Disfrutaba del esfuerzo y del trabajo de las otras ciudades en la región y eso le daba un «estatus». Jesús se presenta como «*el que tiene los siete espíritus de Dios y las siete estrellas*». Juan ha utilizado al siete como sinónimo de la plenitud desde el punto de vista de Dios. En Jesús está la plenitud (Colosenses 1:19). Esta revelación sin duda llevó a la iglesia de Sardis a reflexionar sobre las apariencias en este mundo, y que aun las de la afamada Sardis eran algo pasajero. ¿Cuál podría ser entonces la riqueza y la plenitud de la que la iglesia de Sardis podría jactarse? ¿En qué se basaba la «reputación» que esta iglesia tenía?

Reprensión (v. 1b-2)

Lo que Jesús está a punto de decirle a esta iglesia corrupta es algo sumamente serio. Jesús invierte el formato que ha venido usando en cada uno de sus mensajes a las diferentes iglesias; comienza con una reprensión y termina con un reconocimiento. ¿Qué es más triste, ser una iglesia viva y saludable que enfrenta las críticas de la gente a su alrededor, o ser una iglesia de la que todos hablan maravillas pero que en el fondo está muerta? Sardis, en el pasado, amaba la Biblia, amaba las almas y predicaba el evangelio, era una iglesia generosa y servicial que se dolía y hacía lo que fuese por aliviar el dolor y llevar esperanza a este mundo roto. Sin embargo, en ese momento, solo hablaban de sentirse cómodos con su teología y su tradición. Para esta iglesia, Jesús tiene una fuerte represión que necesita ser escuchada por la totalidad de sus miembros: «Tienes fama de estar vivo, pero sé que estás muerto».

¿Cuáles eran las expectativas de Jesús para Sardis a la luz de esta confrontación: «*Tus actos no son perfectos*»? Sabemos por la misma Biblia que nadie es perfecto (Eclesiastés 7:20). La palabra que Jesús usó y que se traduce en nuestras Biblias como «perfectas» es la palabra griega «*pleroo*» que significa literalmente llenar, completar, cumplir, etc. Ellos eran casi salvos, casi cristianos, casi discípulos.

La reputación, cuando es todo lo que sostiene nuestro cristianismo, no es más que hipocresía y religiosidad. ¿Cuántos novios, matrimonios y jóvenes casi cristianos existen el día de hoy? ¿Cómo es su reputación comparada con la realidad de sus actos? La represión de Jesús es clara: «*Tus actos no son perfectos*». La iglesia de Sardis representa a aquellos «cristianos» expertos en la teoría, pero neófitos en la práctica: «*Dicen que conocen a Dios, pero en la práctica demuestran no conocerlo...*» (Tito 1:16).

Advertencia (v. 2-3)

Sardis estaba enclavada en una colina. Sus habitantes se jactaban de que, por su ubicación y su muralla, nunca podría ser conquistada. En el VI a.C. Ciro el persa contrató a un soldado para analizar cómo penetrar la difícil muralla de Sardis. El soldado observó a un guardia que bajaba por un camino escondido para recoger su casco que se había caído. Ubicó el camino, dio aviso a Ciro, y este a su vez envió su ejército para asaltar de noche la ciudad de Sardis. A la mañana siguiente, cuando todos habían despertado, se dieron cuenta de que habían sido capturados por sus enemigos. Esta hazaña la repitió el gran Antíoco el Grande en el siglo III a.C. Su gran arrogancia los hizo vulnerables.

Jesús confronta su sentido de seguridad con esta advertencia: *«Vuélvete a lo que oíste y creíste al principio»*, no olvides el consejo de Dios, no lo eches a tus espaldas. Es muy común creer que sabemos mucho sobre pasajes y textos de la Escritura, pero estos, más que informarnos, buscan transformarnos; son alimento para nuestra alma (Jeremías 15:16). *«Guárdalo»*; en otras palabras: obedece. Necesitamos leer nuestra Biblia para recibir consejo, instrucción y dirección de Dios. Era urgente que Sardis se arrepintiera (cambiara su manera de pensar y de actuar) de menospreciar la palabra de Dios. Él está interesado en nuestros actos, que son la encarnación de la fe: «Así como el cuerpo sin espíritu está muerto, la fe sin acciones está muerta» (Santiago 2:26).

> **Dios está interesado en nuestros actos, que son la encarnación de la fe.**

Reconocimiento (v. 4)

Aunque en el mensaje a Sardis la reprensión viene antes del reconocimiento, Jesús no los deja sin una afirmación. En el lenguaje del N.T. las vestiduras son un símbolo de la conducta o del estilo de vida que lleva una persona. Si el cristiano está revestido de Cristo, esto significa que su manera de caminar, andar y vivir es semejante a la de Cristo (1 Juan 2:6).

En aquella época, las personas que eran miembros de la realeza se distinguían, entre otras cosas, por vestir ropas hechas de una tela muy fina llamada «púrpura»; por su parte, la gente de Sardis era conocida por vestir vestidos de lana roja muy característicos de esa región. ¿Cómo deberían distinguirse los discípulos de Jesús, tanto los de Sardis como los de todas las épocas? Llevando con dignidad sus ropas blancas, limpias y sin mancha. Distinguiéndose de los demás y confesando con su manera de vivir que son hijos de Dios.

Hoy en día puede ser difícil distinguir a un cristiano. No vemos a muchas personas tratando con amor, dignidad y respeto a sus esposas; ya no es común que los jóvenes honren a sus padres en público o en privado. El materialismo mantiene a los cristianos más preocupados por vivir cómodamente que por honrar a Dios con sus bienes y compartirlos con los que padecen necesidad. ¿Cómo puede distinguirse una persona cristiana de una que no lo es? Vistiendo «ropas blancas», confesando a Cristo entre sus semejantes a través de sus acciones, dejando en claro que Jesús es el Señor.

Promesa (v. 5-6)

Jesús es el galardón para aquellos que «venzan». Esto es, que no se queden a la mitad, que se atrevan a completar sus obras; obras dignas de arrepentimiento, evidencia de eterna salvación. ¿Cuál es la única reputación que al discípulo de Jesús debiera importarle? Que su nombre esté escrito y no sea borrado del libro de la vida. Escuchemos, entonces, poniendo por obra lo que en esta advertencia el Espíritu dice a las iglesias.

Abre el corazón

1. Qué harías si Jesús te dijese: «Tienes reputación de ser cristiano, pero la realidad es que estás muerto?».

2. ¿Cuáles serían algunas de las obras que necesitarías completar?

3. ¿Qué puedes hacer para mantener presente la palabra de Dios en tu mente y en tu corazón todos los días? ¿Qué diferencia podría hacer esto en ti?

Filadelfia, la iglesia modelo

Apocalipsis 3:7-13

[7] Escríbele al ángel de la iglesia en Filadelfia:
Este mensaje te lo envía el Santo y Verdadero, el que tiene la llave de David, el que abre y nadie puede cerrar, y cierra y nadie puede abrir.
[8] Estoy al tanto de la obra que realizas. No eres muy fuerte, pero me has obedecido y no has negado mi nombre. Por eso te he abierto una puerta que nadie te podrá cerrar. [9] Obligaré a los de la sinagoga de Satanás, que dicen mintiendo que son míos, a postrarse a tus pies y reconocer que te amo. [10] Por cuanto me has obedecido y has sido constante, te protegeré de la gran tribulación y tentación que vendrán sobre el mundo para poner a prueba a la humanidad.
[11] Vengo pronto. Retén firmemente lo que tienes, para que nadie te quite tu corona. [12] Al que salga vencedor, lo convertiré en columna del templo de mi Dios y ya no saldrá jamás de allí. Escribiré en él el nombre de mi Dios y el nombre de la ciudad de mi Dios —la nueva Jerusalén que el Señor hará descender del cielo—, y llevará escrito en él mi nuevo nombre.
[13] El que tenga oídos, escuche lo que el Espíritu dice a las iglesias.

Abre los ojos

1. Observa cómo la revelación de Jesús en el verso 7 parece ser un contraste a la «poca fuerza» y, por consiguiente, a la poca influencia de Filadelfia.

2. ¿Cuál de los reconocimientos que Jesús les da en el verso 8 te llama más la atención y por qué?

3. ¿Qué promete Jesús a Filadelfia en los versos 11 al 13? En tu opinión: ¿esta promesa es condicional o incondicional? ¿Por qué?

Abre la mente

Revelación (v. 7)

Filadelfia es junto con Esmirna una de las dos iglesias virtuosas para quien el Señor no tiene ningún tipo de represión; son «iglesias modelo». La ciudad de Filadelfia fue construida en el extremo este de Asia con la idea de que fuese el centro misionero de la cultura griega, esto es, del idioma, del lenguaje y del estilo de vida griego. De la misma manera, la iglesia de Filadelfia sería una iglesia misionera; predicando el evangelio le daría la entrada al reino de Dios a todos aquellos que creyeran en Jesús, cumpliendo así con el mandato de ir y hacer discípulos.

En el año 17 a.C. la ciudad fue devastada por un terremoto y fue reconstruida lejos de aquellos templos y edificios destruidos por la inestabilidad de la región. A diferencia de la ciudad, la iglesia de Filadelfia tiene un fundamento estable, firme, que vemos en la revelación de Jesús, cuando este se presenta a ellos como «el Santo (título divino) y Verdadero». Esta autodescripción del Señor nos hacer recordar lo escrito en 1 Juan 5:20: «… *pero sabemos que Cristo, el Hijo de Dios, vino a ayudarnos a hallar y entender al Dios verdadero. Ahora estamos en Dios, porque estamos en su Hijo Jesucristo, que es también Dios verdadero y la vida eterna*».

Es como si Jesús, por medio de su revelación, le dijera a Filadelfia: «Yo soy todo lo que ustedes necesitan». Jesús en su revelación le dice a su iglesia que nadie más que él tiene las llaves para darles la bienvenida al reino de Dios, y una vez sean parte de este, les dará también todas las oportunidades que necesitan para amarle y para servirle con todo su corazón.

Reconocimiento (v. 8)

¿Qué vio Jesús en la obra de Filadelfia, si esta era una iglesia que no era «muy fuerte»? Justamente eso, una iglesia con poca fuerza, pero con una gran dependencia de él. Si Filadelfia fuese vista bajo la óptica humana, sin duda sería menospreciada. Pero ¿qué enseña el Nuevo Testamento acerca de la fuerza que los discípulos necesitamos para hacer la diferencia en este mundo?

«Por último, recuerden que su fortaleza debe venir del gran poder del Señor» (Efesios 6:10).

«... Debe bastarte mi amor. Mi poder se manifiesta más cuando la gente es débil» (2 Corintios 12:9).

Las puertas abiertas, en el lenguaje del evangelio, son los corazones que Dios de antemano ha preparado para escuchar su mensaje (1 Corintios 16:8-9), a fin de que cuando sus discípulos vayamos en el Espíritu levantemos una gran cosecha para Él (Mateo 9:37-38).

Advertencia (v. 9-11)

Lo «único» que Filadelfia podía presumir era que Jesús los había amado. Cuando conoces el perdón de Dios, perdonas como él te perdonó; el amor es algo que no puede ocultarse, todo el mundo lo puede ver, todo el mundo lo nota. Al final del día, el amor es el mejor argumento apologético para convencer al más duro de los escépticos; fue justamente Jesús quien nos enseñó en Juan 13:35: *«Si se aman unos a otros, todos se darán cuenta de que son mis discípulos»*.

Como recompensa, Jesús promete «proteger» a su pequeño rebaño. Esta palabra aparece solo dos veces en el Nuevo Testamento, aquí y en Juan 17:15, donde Jesús, orando por sus discípulos, pide al Padre que sean protegidos del mal sin ser quitados del mundo, a donde somos enviados a ser testigos de Jesucristo.

El regreso de Jesús sería de repente, inesperadamente, no necesariamente pronto o de inmediato. Filadelfia debía retener su dependencia de Dios, su espíritu misionero y su fidelidad al nombre y a la palabra de Dios, a fin de que nadie les quitara su corona. Este era el reconocimiento que los deportistas recibían por sus hazañas deportivas, no como una señal de realeza sino de auténtica victoria.

Promesa (v. 12-13)

Filadelfia era una preciosa iglesia que sabía anticipar la eternidad, que vivía su presente a la luz de lo que le deparaba el futuro: Jesús, lo que él les prometió y lo que estaban llamados a cuidar. La iglesia de Filadelfia ya funcionaba como una verdadera columna que sostenía la verdad de la palabra de Dios en medio de un mundo sacudido por los terremotos de las mentiras y difamaciones de los falsos judíos.

Filadelfia en el presente ya vivía la bendición de Jesús para el futuro. También les fue prometido un triple nombre escrito sobre ellos, un nombre que reafirmará en el futuro la identidad de aquellos que ya han sido amados por Jesús en el presente. Esto

> **Nadie que no anhela y anticipa «el cielo» entrará en él.**

debe llevarnos a una reflexión obligada: nadie que no anhela y anticipa «el cielo» entrará en él, ya que al Reino se entra cuando naces en él, en el momento en que crees en Jesús como el Hijo de Dios (Juan 3:5,16). Filadelfia es un modelo de testimonio cristiano que es capaz de prevalecer en el presente, mientras se vive a la luz de la eternidad.

Abre el corazón

1. ¿Qué puertas de oportunidad abrió Dios para ti en el pasado, y no aprovechaste? ¿Tuviste algún aprendizaje?

2. ¿Cómo puede ver la gente no cristiana que te rodea (amigos, familiares, compañeros de trabajo, etc.) que Jesucristo te ha amado?

3. ¿Qué te ha dicho el Espíritu personalmente a través de esta carta dirigida a Filadelfia?

Laodicea, la iglesia pobre

Apocalipsis 3:14-22

¹⁴ Escríbele al ángel de la iglesia en Laodicea:
Este mensaje te lo envía el Amén, el testigo fiel y verdadero, el origen de toda la creación de Dios. ¹⁵ Estoy al tanto de la obra que realizas. No eres frío ni caliente. ¡Ojalá fueras frío o caliente! ¹⁶ ¡Pero como eres tibio, te vomitaré de mi boca! ¹⁷ Tú dices: 'Soy rico, tengo lo que deseo, ¡no necesito nada!'. ¡Y no te das cuenta de que eres un infeliz, un miserable, pobre, ciego y desnudo! ¹⁸ Te aconsejo que compres de mí oro puro, refinado en fuego. Sólo así serás verdaderamente rico. Y también compra de mí ropa blanca, limpia, pura, para que no sufras la vergüenza de andar desnudo. Y ponte colirio en los ojos para que te los cure y recobres la vista.
¹⁹ Como yo disciplino y castigo a los que amo, tendré que castigarte si no abandonas esa indiferencia y te arrepientes. ²⁰ Yo estoy siempre a la puerta y llamo; si alguno escucha mi voz y abre la puerta, entraré y cenaré con él y él conmigo. ²¹ Al que salga vencedor, le daré el derecho de que se siente junto a mí en el trono, de la misma manera que al vencer yo me senté con mi Padre en su trono.
²² El que tenga oídos, escuche lo que el Espíritu dice a las iglesias.

Abre los ojos

1. ¿Cómo se presenta Jesucristo a Laodicea en el verso 14?

2. ¿Cuál es el diagnóstico que «el testigo fiel y verdadero» hace de Laodicea en los versos 15 al 17?

3. ¿Qué puedes aprender de la verdadera riqueza a la luz del consejo que Jesús les da en el verso 18 y 19?

Abre la mente

Revelación (v. 14)

Laodicea fue una de las ciudades más ricas en la provincia de Asia Menor, ya que aparte de ser productora y exportadora de un sin fin de productos comerciales, poseía un Banco Central que servía a toda aquella región. Parecería que entre la ciudad de Laodicea y la iglesia de Laodicea existía un paralelismo interesante; ambas se jactaban de su riqueza y autosuficiencia. ¿Quién podría hacer una evaluación objetiva de esta iglesia más allá de sus apariencias y pretensiones? Solo Jesús, quien se revela a ellos como el «Amén» y el «testigo fiel y verdadero». Con esta autodescripción, Jesús está a punto de desafiar la falsa percepción que tenían de las cosas, engañados por la apariencia de este mundo. Jesús, «el origen de toda la creación de Dios», es el principio y destino de todo lo que existe, cosa que los laodicenses sabían pero habían querido ignorar. Pablo en su carta a los colosenses, la cual debía ser leída a la iglesia de Laodicea, lo puso más que claro: *«Cristo es la imagen misma del Dios invisible, y existe desde antes que Dios comenzara la creación. Cristo mismo es el creador de cuanto existe en los cielos y en la tierra, de lo visible y de lo invisible, y de todos los seres que tienen poder, autoridad y dominio; todo fue creado por medio de él y para él»* (Colosenses 1:15-16).

Represión (v. 15-17)

La región de Laodicea carecía de agua fresca, y necesitaban traerla ya sea del valle de Hierápolis o de las montañas de Colosas. Las aguas de Hierápolis eran aguas termales, medicinales, mientras las aguas de Colosas eran minerales y refrescantes. Cuando estas aguas llegaban a la región venían «tibias», habían perdido sus atributos y beneficios naturales. Esta parece ser una metáfora acerca de la verdadera condición de la iglesia de Laodicea; habían perdido sus beneficios y sus atributos como iglesia del Señor. Ellos se habían abandonado a una mentalidad autocomplaciente y auto gratificante, velando solo por sus propios deseos, apetitos e intereses antes que por cumplir con su función medicinal en favor de todos los «sedientos» y «enfermos» a su alrededor. Jesús les habló a sus discípulos acerca de esta tragedia usando el ejemplo de la sal en Mateo 5:13: *«Ustedes son la sal del mundo. Si la sal pierde el sabor, ¿para qué va a servir? ¡Sólo para que la boten y la pisoteen por inservible!»*.

A la luz de esta evaluación y confrontados con la realidad, Laodicea es llamada a considerar su verdadera condición delante de quien juzga, no según las apariencias sino con justo juicio (Juan 7:24); y es que Laodicea estaba sumergida en el engaño de las riquezas temporales. La prosperidad material de quienes cifran sus riquezas solo en lo temporal, sin dar reconocimiento y honra a Dios por ello, los terminará corrompiendo y echando a perder (Proverbios 1:32). ¿Qué podría poseer Laodicea que no le fuera dado por gracia de quien nos viene todo lo bueno y perfecto? (Santiago 1:17). Y si todo lo que tenían lo habían recibido de las manos generosas de Dios, ¿por qué su absurda jactancia?

Advertencia/consejo (v. 18)

La misericordia de Dios y su gran paciencia y amor han sido los más grandes motivadores para traer al arrepentimiento y a la fe a los más grandes pecadores. El caso de Laodicea no era distinto. Una vez que Laodicea entendiera su pobreza espiritual y su miseria delante de Dios (de quien vienen todas las cosas), debía «comprar» directamente del Señor riquezas espirituales que perduraran y pudieran permanecer ante el fuego del escrutinio divino (Salmos 66:10; Proverbios 17:3). Los vestidos y productos exóticos como la lana negra brillante, típica de la región, serían innecesarios si compraran directamente del Señor vestidos de justicia (Isaías 61:10; Apocalipsis 19:8) para no permanecer desnudos ante sus ojos.

> **La misericordia de Dios y su gran paciencia y amor han sido los más grandes motivadores para traer al arrepentimiento y a la fe a los más grandes pecadores.**

Su riqueza y salud espiritual serían ese «colirio» con el que, recobrando la vista, podrían distinguir y apreciar las cosas eternas. Como está escrito en 2 Corintios 4:18: «Por lo tanto, no nos importa lo que ahora se ve, sino que fijamos la mirada en lo que todavía no vemos. Porque lo que se ve es pasajero, mientras que lo que no se ve no cesará jamás».

Promesa (v. 19-22)

¿Qué podría tener Dios para una iglesia corrompida por el materialismo, los afanes y la vanidad de este mundo? Esta iglesia, que por su corrupción merecía la peor de las represiones, recibe a cambio la mejor de las promesas. ¿No es esta una revelación de Jesucristo? La Biblia enseña que «... *si el pecado aumentó muchísimo, mucho mayor ha sido el amor gratuito de Dios*» (Romanos 5:20). La palabra «castigo» usada por el Señor en el verso 19 es la palabra «*paideuo*», que en el griego original significa «instruir a un niño pequeño». Dios no iba a destruir a la iglesia de Laodicea sino a disciplinarla.

El Señor trata con una gran misericordia a Laodicea; interrumpe sus malos hábitos, sus prácticas viciadas y sus obras corruptas llamando a las puertas. Jesús ha llegado a su casa para que compartan con él el momento más cercano, cálido e íntimo en la cena. Una invitación que Jesús tiene para todo el que tenga oídos y escuche.

Abre el corazón

1. ¿En qué aspecto de tu vida necesitas darle más crédito a lo que Dios dice de ti que a lo que tú crees de ti mismo?

2. ¿Qué aspecto del consejo del Señor a Laodicea necesitas comenzar a poner por obra esta semana?

3. ¿Qué aspecto de la gracia de Dios puedes agradecer más el día de hoy: la interrupción de tus planes, la confrontación de tu pecado, la invitación a conocerlo, otro?

El trono de Dios

Apocalipsis 4

[1] Al levantar la vista, contemplé en el cielo una puerta abierta; y la voz que había escuchado antes, estridente como toque de trompeta, me dijo: «Sube acá y te mostraré lo que va a ocurrir después de esto». [2] Al instante vino sobre mí el Espíritu y vi un trono colocado en el cielo y a alguien sentado en él. [3] El que estaba sentado fulguraba como lustroso diamante o reluciente rubí. Alrededor del trono había un arco iris brillante como la esmeralda, [4] y veinticuatro tronos ocupados por veinticuatro ancianos vestidos de blanco y con coronas de oro. [5] Del trono salían relámpagos, truenos y estruendos. Delante del trono ardían siete lámparas de fuego que representaban a los siete espíritus de Dios, [6] y había un mar como de cristal reluciente.

En medio y alrededor del trono había cuatro seres vivientes, llenos de ojos por detrás y por delante.

[7] El primero de aquellos seres vivientes tenía forma de león; el segundo, de toro; el tercero tenía un rostro humano, y el cuarto parecía un águila en pleno vuelo. [8] Cada uno de ellos tenía seis alas y estaba cubierto de ojos por dentro y por fuera. Y día y noche decían:

«Santo, santo, santo es el Señor Dios Todopoderoso, el que era, que es y que ha de venir».

[9] Y cada vez que los seres vivientes daban gloria, honra y acción de gracias al que estaba sentado en el trono, al que vive para siempre, [10] los veinticuatro ancianos se postraban en adoración delante del que vive eternamente y tiraban sus coronas delante del trono, al tiempo que cantaban:

[11] «Señor, eres digno de recibir la gloria, la honra y el poder, porque tú creaste el universo. Lo que existe, existe porque tú quisiste crearlo».

Abre los ojos

1. Lee con atención acerca del trono en los versos del 1 al 4 y escribe en tu cuaderno: ¿cuáles de las características o aspectos del trono te llaman más la atención y por qué?

2. Si tuvieras que hacer un dibujo del trono de Dios basado en los versos 4 al 7, ¿cómo lo dibujarías? Tómate unos momentos (en silencio) para leer el pasaje e imaginarlo.

3. Haz las preguntas periodísticas clásicas (qué, quién, dónde, cuándo, cómo, por qué) al tema de la alabanza en los versos 8 al 11.

Abre la mente

Este capítulo establece la máxima realidad, aquella que tarde o temprano se refleja en la tierra en todo su esplendor. Lo que es verdadero en el cielo, debe ser verdadero también en la tierra. Por esto el Señor invita a Juan para mostrarle esa realidad, la misma que Jesús nos invita a anhelar al invitarnos a orar así: *«Venga tu reino y cúmplase en la tierra tu voluntad como se cumple en el cielo»* (Mateo 6:10).

Es un trono de gloria (v. 1-3)

Para Juan, tanto la realidad de las iglesias como la visión del trono de Dios son el punto de partida para su profecía. El lenguaje que el libro usa nos invita a no leer «linealmente» los eventos que suceden, sino a ver cada vez más intensamente la revelación de Jesucristo. El Apocalipsis nos llama a ver de cerca la realidad de la iglesia y del trono de Dios. A través del libro usa las frases «después de esto» y «junto con esto», una invitación a tener una noción de ambas realidades al mismo tiempo.

Para algunas personas en la actualidad, hablar de la soberanía de Dios, de la autoridad absoluta y total del Dios de la Biblia es algo del pasado; para otros, es un asunto del futuro. Pero la soberanía de Dios es una realidad en el presente. Jesús dijo en Mateo 28:18-20: «... —*He recibido toda autoridad en el cielo y en la tierra. Por lo tanto, vayan y hagan discípulos en todas las naciones. Bautícenlos en el nombre del Padre, del Hijo y del Espíritu Santo, y enséñenles a obedecer los mandamientos que les he dado. De una cosa podrán estar seguros: Estaré con ustedes siempre, hasta el fin del mundo*».

En este trono de autoridad, no podemos ver más atributos que su brillo y esplendor, que son semejantes a piedras preciosas. ¿Puedes imaginarlo? ¿Qué historia podrían contar estos colores? Alrededor del trono había un arcoíris, la señal del pacto que Dios estableció con Noé (Génesis 9:12-17). ¡El que está sentado en el trono del universo está de nuestro lado, destellando rayos de gracia, misericordia y amor!

Es un trono de autoridad (v. 4-7)

La creación, representada por estos seres vivientes, le rinde adoración a su Creador. Lo mismo sucede con estos veinticuatro ancianos sentados en sus tronos que representan a las iglesias, siendo un eco del deseo y el diseño de Dios para su pueblo expresado en Éxodo 19:6: «*Y serán un reino de sacerdotes y gente santa*». Esto se cumple en esta gran visión; todos los discípulos de Jesús están presentes o representados en esos veinticuatro ancianos. ¿Piensas que es una revelación de lo que será o de lo que ya es? Recuerda que Apocalipsis está escrito para que imaginemos y participemos activamente de su mensaje, por lo que la única respuesta que vale en ese sentido es la tuya. Por mi parte, yo me atrevo a creer que esto es una realidad que necesita ser reflejada en nosotros, su reino de sacerdotes, en toda nuestra manera presente de vivir.

Es un trono de alabanza (v. 8-11)

El trono de Dios es un trono de adoración; de hecho, la creación entera rinde adoración a Dios continuamente. ¿La puedes oír? Salmos 19:1 nos dice: *«Los cielos cuentan la gloria de Dios, el firmamento proclama la obra de sus manos».* Como un acto de la voluntad, los ancianos se postran ante su trono reconociendo que Dios, el Creador y sustentador del universo, es el único digno de recibir verdadera adoración. Las coronas son una señal de gobierno y autoridad; por lo tanto, cuando los ancianos deciden echar sus coronas delante de Dios, le están cediendo la autoridad de sus propias vidas. Esta es una invitación a vivir para adorarle no en nuestros términos, sino en lo que Él establece en su palabra. ¿Aceptas esta invitación?

> **Cuando los ancianos deciden echar sus coronas delante de Dios, le están cediendo la autoridad de sus propias vidas.**

Abre el corazón

1. ¿Cómo te hace sentir el hecho de que Dios está sentado en su trono? ¿Qué significado debe tener esto para ti?

2. ¿Qué puedes aprender en este pasaje acerca de todo lo que Dios ha creado, como los animales, la naturaleza, etc.?

3. ¿De qué manera crees que tu adoración a Dios necesita mejorar?:

   a. De una adoración ocasional a una adoración continua.

   b. De adorarle por cómo me siento yo, a adorarle por quién es él.

   c. De ser yo el centro de mi vida, a convertirlo a él en el centro de mi vida (anhelos, sueños, decisiones, etc).

   d. De cantar desentonado, a cantar entonado.

El Cordero

Apocalipsis 5

[1] En eso noté que el que estaba sentado en el trono tenía en la mano derecha un pergamino enrollado, escrito por detrás y por delante y sellado con siete sellos. [2] En aquel mismo instante, un ángel poderoso preguntó con voz fuerte: «¿Quién es digno de abrir el pergamino y romper sus sellos?». [3] Pero nadie, ni en el cielo ni en la tierra ni debajo de la tierra, podía abrirlo para leerlo.

[4] No pude contener el dolor que me embargó ante la desgracia de que no hubiera nadie digno de revelarnos el contenido del pergamino, y rompí a llorar.

[5] Pero uno de los ancianos me dijo: «No llores. Allí está el León de la tribu de Judá, la Raíz de David, que con su victoria ha demostrado ser digno de romper los siete sellos del pergamino y desenrollarlo».

[6] Entonces miré. En medio del trono, de los cuatro seres vivientes y de los ancianos, estaba un Cordero de pie en el que eran visibles las heridas que le causaron la muerte. Tenía siete cuernos y siete ojos, que representaban los siete espíritus de Dios enviados a todas partes del mundo.

[7] El Cordero se acercó y recibió el rollo de la mano derecha del que estaba sentado en el trono. [8] Al hacerlo, los cuatro seres vivientes y los veinticuatro ancianos se postraron ante él con arpas y copas de oro llenas de incienso —que son las oraciones del pueblo santo—, [9] y dedicaron al Cordero este nuevo canto: «Eres digno de recibir el pergamino y de romper sus sellos, porque fuiste sacrificado y con tu sangre compraste para Dios un pueblo de entre todos los linajes, pueblos, lenguas y naciones. [10] Así formaste un reino de sacerdotes que sirven a nuestro Dios y reinarán sobre la tierra».

[11] Escuché entonces el canto de millones y millones de ángeles que rodeaban el trono, de los seres vivientes y de los ancianos. [12] Cantaban esto a gran voz:

«El Cordero que fue sacrificado es digno de recibir el poder, las riquezas, la sabiduría, la fortaleza, la honra, la gloria y la alabanza».

[13] Y todas las criaturas del cielo, de la tierra, de debajo de la tierra y del mar, exclamaron:

«¡Que la alabanza, la honra, la gloria y el poder sean por siempre para el que está sentado en el trono y para el Cordero!».

[14] Mientras tanto, los cuatro seres vivientes decían: «¡Amén!».

Y los veinticuatro ancianos se postraron y adoraron.

Abre los ojos

1. Lee solamente los versos 1 al 4, y después, con tus propias palabras, trata de expresar «el dilema» descrito.

2. Haz una lista de todo lo que aprendas acerca de la adoración en los versos 7 al 10.

3. Lee los versos 11 al 14 y responde: ¿cuál es la razón por la que los millares de ángeles alrededor del trono alaban al Cordero?

Abre la mente

Hasta ahora, Juan ha venido construyendo un argumento sólido que encuentra su clímax en este capítulo, partiendo de la realidad tanto de la iglesia como del trono de Dios. Juan llega a la cima al revelar «el misterio del Apocalipsis»: Dios triunfa sobre la maldad, no a través de la fuerza o la violencia, sino a través del sufrimiento y la muerte del Cordero.

Nadie como Él (v. 1-4)

Este pergamino o rollo contiene lo que algunos han llamado «la consumación del plan de redención de toda la creación» o «el título de propiedad de la creación, así como el edicto de reposición de esta». Algo interesante acerca de este pergamino es que está escrito por ambos lados, por dentro y por fuera; no hay espacio para añadir algo más, ni tampoco hay manera de evitar que todo lo que está escrito en él se cumpla. Este pergamino está sellado con siete sellos y descansa en la mano derecha del que está sentado en el trono. Ninguno, ni en el cielo ni en la tierra, podía abrirlo para leerlo.

El ser humano, quien por su rebelión no tiene derecho a gozar de la gloria de Dios (Romanos 3:23), es parte del problema, no de la solución.

> **El Cordero ha vencido, pero no a través de la violencia sino a través de su amor sacrificial.**

Desenfocado de Jesús, Juan representa a una humanidad que llora su tragedia sin ninguna clase de consuelo preguntándose a sí misma: ¿quién podrá poner fin a la maldad? Ningún ser humano, ni ningún ser creado, en el cielo o en la tierra, es capaz de llevar a cabo esta consumación y restauración de todas las cosas.

El Cordero y el León (v. 5-6)

El león es un símbolo de poder y suprema realeza. Esta realeza fue protagonizada por el rey David de la tribu de Judá (1 Crónicas 28:4) quien trajo el único tiempo de paz del pueblo de Israel con sus enemigos. De la descendencia de David vendría el Mesías (Isaías 11). Juan escucha de uno de los ancianos, que el León de la tribu de Judá, la Raíz de David, con su victoria ha demostrado ser digno de romper los sellos (v. 5). Pero lo que ve no corresponde a lo que escucha; él ve a un Cordero en medio del trono. Este Cordero estaba con las heridas visibles que le causaron la muerte, de pie, resucitado, santo, sin maldad, intachable, apartado de los pecadores y elevado más alto que el cielo (Hebreos 7:26). A este Cordero que está sentado en el trono le pertenece toda autoridad (representada por los siete cuernos), así como la plenitud misma de la deidad (representada por los siete espíritus de Dios).

Los caminos de Dios no son nuestros caminos; su concepto de victoria y de conquista, es muy diferente al nuestro. El Cordero, quien está en medio del trono, ha vencido, pero no a través de la violencia sino a través de su amor sacrificial. La victoria que el Cordero ha ganado es contundente, es total y definitiva.

El Cordero redentor (v. 7-10)

El Cordero jugaba un papel fundamental en el sistema de sacrificios judíos desde que fueron liberados de la esclavitud en Egipto (Éxodo 12). Ese gran acontecimiento, recordado de generación en generación en Israel, era una anticipación de la redención a través de Jesús. El Cordero de Dios ofrecería su vida sacrificialmente y quitaría así el pecado del mundo (Juan 1:29).

Dios deseaba redimir a su pueblo, que se convirtiera en un reino de sacerdotes y gente santa (Éxodo 19:5-6). Ellos debían representar los intereses de todos los pueblos sobre la tierra delante de Dios y, asimismo, representar los intereses de Dios ante todos los pueblos de la tierra. Aunque el pueblo de Israel no cumplió su parte, el Cordero de Dios abrió un nuevo camino de gracia. Él capacitó con su sacrificio de amor a su pueblo para cumplir esa función sacerdotal extendiendo el reino de Dios.

El Cordero es Dios (v. 11-14)

Nuevamente haciendo uso del número siete, Juan presenta un cuadro de lo que es la perfecta adoración, aquella que solo el que está «en medio del trono» es digno de recibir: el poder, las riquezas, la sabiduría, la fortaleza, la honra, la gloria y la alabanza. Pero ¿quién es el Cordero? No se nos dice su nombre; simplemente Juan afirma que está «en medio del trono», esto es, sentado en el trono mismo del universo, aquel que tiene «los siete espíritus de Dios». Él y solo él merece toda la adoración por la sencilla razón de quién es él y por lo que ha hecho para su gloria en favor de toda su creación.

Abre el corazón

1. En tu opinión, ¿cuál crees que es el dilema de la humanidad y cómo crees que el Cordero es capaz de solucionarlo?

2. Tómate unos minutos para escribir un verso, un poema, una canción o un pensamiento, inspirado en la alabanza que recibe el Cordero en este capítulo.

3. En este momento de tu vida, ¿qué aspecto de la revelación de Jesús descrita en este capítulo crees que necesitas considerar mejor, o sobre el cuál debes reflexionar más: el Cordero, el León o ambos? ¿Por qué?

La tragedia del hombre

Apocalipsis 6

[1] Y vi cuando el Cordero rompió el primer sello. Entonces uno de los cuatro seres vivientes, con voz de trueno, dijo: «¡Ven y ve!».

[2] Obedecí. Y apareció un caballo blanco. El jinete, que tenía un arco, recibió una corona y salió triunfante a obtener más victorias.

[3] Cuando el Cordero rompió el segundo sello, el segundo ser viviente gritó: «¡Ven!».

[4] Esta vez apareció un caballo rojo. El jinete recibió una gran espada y autorización para acabar con la paz en la tierra y hacer que por todas partes hubiera guerras y muertes.

[5] Cuando el Cordero rompió el tercer sello, escuché al tercer ser viviente que dijo: «¡Ven!».

En la escena apareció un caballo negro cuyo jinete tenía una balanza en la mano. [6] Y una voz que brotó de entre los cuatro seres vivientes, dijo: «Vendo por el salario de un día un kilo de trigo o tres kilos de cebada, pero no le hagan daño al aceite ni al vino».

[7] Y cuando rompió el cuarto sello, escuché al cuarto ser viviente que dijo: «¡Ven!».

[8] En esta ocasión apareció un caballo amarillo. El jinete que lo montaba se llamaba Muerte, y lo seguía otro jinete llamado Infierno. Se les concedió dominio sobre una cuarta parte de la tierra y autoridad para matar por medio de guerras, hambre, epidemias y fieras salvajes.

⁹El Cordero abrió el quinto sello. Vi entonces debajo del altar a las personas que habían muerto por predicar la palabra de Dios y por ser fieles testigos. ¹⁰Aquellas personas clamaban a gran voz: «Soberano Señor, santo y verdadero, ¿cuándo vas a juzgar a los habitantes de la tierra y cuándo vas a vengar nuestra muerte?». ¹¹Les dieron entonces ropa blanca, y les dijeron que esperaran un poco más, hasta que se completara el número de los demás siervos de Jesús que iban a sufrir el martirio y se les unieran.

¹²Cuando el Cordero abrió el sexto sello, se produjo un gran terremoto; el sol se puso negro como si se hubiera puesto ropa de luto, y la luna adquirió un color rojo como la sangre. ¹³Las estrellas del cielo cayeron sobre la tierra como caen los higos verdes en medio de un vendaval. ¹⁴El cielo estrellado se fue enrollando como un pergamino hasta desaparecer, mientras las montañas y las islas fueron removidas de su lugar.

¹⁵Los reyes de la tierra, los dirigentes del mundo, los ricos, los poderosos, y la humanidad entera, esclavos o libres, buscaban refugio en las cuevas y entre las peñas de las montañas, ¹⁶y gritaban a las montañas: «¡Caigan sobre nosotros, escóndannos de la mirada del que está sentado en el trono y de la ira del Cordero! ¹⁷¡El gran día de su ira ha llegado! ¿Quién podrá sobrevivir?».

Abre los ojos

1. Lee con detenimiento los versos 1 al 8 y contesta: ¿Cuáles son las similitudes que encuentras en estos primeros cuatro sellos? ¿Están relacionados entre sí?

2. ¿Cuál es el estado en el que se encuentran los discípulos de Jesucristo en los versos 9 al 11?

3. Lee los versos 12 al 17 para contestar: ¿quiénes son y de qué manera se ven afectados quienes aparecen en el sexto sello?

Abre la mente

Vive una catástrofe (v. 1-8)

El mundo entero está enfermo, y a menos que observemos el análisis que Dios hace de él en este capítulo, no podremos entender y abrazar la solución. Esta esperanza está contenida en el pergamino que está en la mano derecha del que está sentado en el trono. La creación ha sido contaminada por el pecado (Romanos 3:23).

Más allá de remedios superficiales como las ciencias políticas, la educación, la tecnología, etc., el Cordero ha sido el único capaz de traer una solución perdurable para esta tragedia. La creación enferma (Romanos 8:22) es representada por los cuatro seres vivientes que aparecen en los primeros sellos.

> **Lo más importante de esta catástrofe que vive la humanidad es que Dios no se ha olvidado de ella.**

Es importante tener en cuenta que Apocalipsis es un libro contextual, que busca crear un entorno con sus imágenes. El lector se va familiarizando con estas imágenes, que funcionan como claves para la correcta lectura del libro en su totalidad.

El primer Jinete

El color blanco es usado por Juan a través de todo el libro para referirse directamente al Señor (1:14; 14:14). También él usa ese color para describir aquellas cosas asociadas con Dios como los redimidos y las cosas celestiales (2:17; 3:4-5; 20:11). Al primer jinete, lo vemos cabalgando por encima del caos, de la misma forma que vemos a través de toda la Biblia el poder redentor de Dios: ocupado, activo, amoroso, soberano y determinado a cumplir con su plan redentor (Juan 5:17b).

Estoy convencido de que lo más importante de esta catástrofe que vive la humanidad es que Dios no se ha olvidado de ella. Dios ha puesto en marcha un plan perfecto de redención y no descansará hasta verlo terminado (Filipenses 1:6).

El segundo jinete

Este jinete se caracteriza por el color rojo, traducido de la palabra griego «*purros*». A él se le da una «gran espada» (representando la soberanía de Dios) y autorización para quitar la paz en la tierra o el «shalom». Esta paz o plenitud es el fruto de la comunión perfecta que los seres humanos tuvieron en el principio con su Creador, la cual se rompió por el pecado, producto de su desobediencia y del engaño de Satanás (Génesis 3). Una de las muchas consecuencias de esta pérdida es que los hombres perdieron «la paz» unos con otros. Este versículo de Apocalipsis 6:4 parece ser una versión condensada de Génesis 3 y 4, donde se relata el primer asesinato, producto de la ruptura de «la paz» entre el hombre y su Creador.

El tercer jinete

Este tercer jinete representa la codicia, la avaricia, el materialismo y la maldad en la que el hombre vive sumergido. Cuando leemos «pero no le hagan daño al aceite ni al vino», necesitamos darnos cuenta de que esta clase de productos no está disponible para las personas pobres del mundo. Esta imagen habla de la pobreza que existe en el mundo a costa de la comodidad, el confort, la desigualdad y la opresión de los ricos sobre los pobres. Lo vemos en nuestro mundo hoy en día, por ejemplo, en África, el continente más pobre del mundo; de las más de mil millones de personas que viven allí, ochenta y tres mil son millonarias y tienen la mayor parte de la riqueza total. A estas personas no se les ha dañado «el aceite y el vino». Desigualdades similares suceden en todo el mundo y como discípulos de Jesucristo tenemos oídos para escuchar lo que Jesús nos dice a través de estas imágenes. Preguntémonos: ¿cuánta gente tiene hambre a pesar o a costa de nuestra comodidad?

El cuarto jinete

El color de este jinete es amarillo, color a muerte. Puedo imaginar al Creador de la humanidad que viene a pagar con muerte por todos aquellos que han caído de su gloria. La muerte es la consecuencia de la rebeldía del ser humano en contra de su Creador, y el infierno es donde yace una humanidad muerta en sus delitos y pecados, separada eternamente de Dios. Muerte e infierno son los parámetros o indicadores que muestran la rebelión humana, su gran tragedia, la catástrofe en la que el ser humano vive, por herencia y a la vez por propia decisión.

Tiene una oportunidad (v. 9-11)

Dos mundos opuestos: Los personajes en esta sección son muy interesantes ya que los vemos a través de todo el libro representando dos estilos de vida diferentes. Por una parte, están los que sufrieron el martirio por guardar la palabra de Dios y su propio testimonio como cristianos y, por otra parte, están los moradores de la tierra. Podríamos pensar que estos dos grupos simplemente tienen estilos de vida «alternativos», pero el texto no nos da esa opción. Juan los presenta como rivales, como dos mundos opuestos, dos realidades en conflicto. Los mártires, representados también por los veinticuatro ancianos, se postran ante el que está sentado en el trono (6:10), mientras los moradores de la tierra adoran a la bestia (13:8). A aquellos que clamaron a Dios se les dieron vestiduras blancas para la eternidad.

Estos mártires están bajo el altar, disfrutando de la perfecta comunión a través del sacrificio del Cordero y ofreciendo adoración. Si tú has recibido el testimonio de Jesucristo, tienes el privilegio de tener una perfecta comunión con el Padre. O puedes ser de aquellos moradores de la tierra que buscan negar la obra y el testimonio del Cordero de Dios. Jesús enseñó en Mateo 10:36 que, «¡Cada quien tendrá a sus peores enemigos en su propia casa!». Solo se puede ser de uno de estos «dos mundos opuestos». No existe un tercer grupo; por lo tanto, pregúntate: ¿en cuál de estos dos grupos te encuentras tú?

Y la desaprovecha (v. 12-17)

Juan usa un banco de imágenes culturales en su libro, y deberemos lidiar con estas imágenes o no podremos entender qué se nos está tratando de comunicar. Las imágenes mencionadas en este sexto sello (el sol, la luna, las estrellas, etc.) son usadas por los profetas del A.T. para referirse a asuntos muy diversos como el juicio contra su pueblo Israel (Jeremías 4:23-28), el juicio contra sus enemigos (Isaías 13:9-10) e incluso la restauración misma de Israel (Isaías 24:23).

En una cultura predominantemente marítima, los montes, las estrellas y las islas eran puntos de referencia indispensables para la navegación, todas ellas removidas al abrirse este sello.

La visión de Juan habla de que Dios interrumpe y colapsa los planes de la humanidad rebelada en contra de su Creador.

Abre el corazón

1. ¿Cuál de los seis sellos te causa la mayor impresión y por qué?

2. En medio de las catástrofes de la vida, ¿eres de los que se esconden de Dios o de los que encuentran refugio en él? (Escribe tu experiencia).

3. ¿De qué manera podría usarte Dios a ti en lo individual o a tu familia o iglesia para crear un «caos» en este mundo materialista, violento y apartado de la verdad?

Los siervos de nuestro Dios

Apocalipsis 7

¹ Entonces vi a cuatro ángeles que, parados en las cuatro esquinas de la tierra, detenían los cuatro vientos para que estos no se desataran sobre la tierra, el mar y los árboles.

² Luego vi a otro ángel que venía del este con el sello del Dios viviente. Y gritó a los cuatro ángeles que habían recibido autorización para dañar la tierra y el mar:

³ «¡No vayan a dañar la tierra, ni el mar, ni los árboles, porque todavía no hemos marcado en la frente a los siervos de nuestro Dios!».

⁴⁻⁸ Escuché el número de los que fueron sellados: ciento cuarenta y cuatro mil de todas las tribus de Israel: de Judá 12.000, de Rubén 12.000, de Gad 12.000, de Aser 12.000, de Neftalí 12.000, de Manasés 12.000, de Simeón 12.000, de Leví 12.000, de Isacar 12.000, de Zabulón 12.000, de José 12.000, de Benjamín 12.000.

⁹ Luego vi frente al trono y delante del Cordero a una gran multitud de todas las naciones, tribus, pueblos y lenguas, todos vestidos de blanco y con ramas de palma en las manos. Era tan inmensa la multitud que nadie podía contarla.

¹⁰ «Al Dios nuestro que está en el trono y al Cordero debemos la salvación», gritaban.

¹¹ Y los ángeles que, de pie, rodeaban el trono y los ancianos y los cuatro seres vivientes se postraron delante del trono y adoraron a Dios, ¹² diciendo: «¡Amén! ¡Que la bendición, la gloria, la sabiduría, la acción de gracias, la honra, el poder y la fuerza sean de nuestro Dios para siempre! ¡Amén!».

[13] Entonces uno de los veinticuatro ancianos me preguntó:
—¿Sabes quiénes son estos que están vestidos de blanco y de dónde han venido?
[14] —No, Señor —respondí—. Dímelo.
—Estos son los que pasaron por la gran tribulación —me dijo—. Su ropa está blanca porque la lavaron y blanquearon con la sangre del Cordero. [15] Por eso están delante del trono de Dios y sirven día y noche en su templo. El que está sentado en el trono los protege; [16] jamás volverán a tener hambre ni sed, y estarán a salvo del sol abrasador del mediodía. [17] El Cordero que está en el trono los alimentará y, como pastor, los conducirá a las fuentes del agua de la vida. Y Dios les enjugará las lágrimas.

Abre los ojos

1. Busca los siguientes pasajes en tu Biblia: Isaías 54:17; Daniel 3:17; Daniel 6:16; Malaquías 3:18. Léelos y compáralos con los versos 1 al 3, ¿encuentras un tema común entre todos ellos?

2. ¿Cómo se podría reconciliar lo que Juan *escucha* con lo que Juan *ve* en los versos 4 al 10?

3. Haz una lista de todo lo que aprendas acerca de los que «están delante del trono» del verso 10 al 17.

Abre la mente

Protegidos (v. 1-3)

Este interesante capítulo funciona como una especie de «paréntesis» o «interludio» antes del séptimo sello. La función principal de estos intermedios es la de darles confianza a los fieles de que Dios al final juzgará la maldad, preservándolos a través de la tribulación. La fidelidad hacia el Señor no quedará sin recompensa. Pero ¿quiénes son estos fieles? ¿Tienen alguna afiliación especial que los distinga? No, ellos simplemente son llamados «los siervos de nuestro Dios».

El lenguaje y las imágenes usadas por Juan en este capítulo dibujan una muy interesante escena: «Vientos» del juicio siendo detenidos de soplar sobre la tierra, el mar y los árboles, hasta que sean marcados los siervos de Dios. Hemos pasado mucho tiempo preocupados tratando de descifrar el significado de la marca de la bestia (14:9; 16:2), pero es «el sello del Dios viviente» el que deberíamos anhelar. Este sello debía ser marcado en las frentes, mismo lugar donde debía de ser exhibida la palabra de Dios (Deuteronomio 6:6-8).

> **La fidelidad hacia el Señor no quedará sin recompensa.**

Estos siervos transformados a la imagen de Jesús, que portan en sus frentes la palabra de Dios, se distinguen del resto del mundo. Por esto, en Apocalipsis 14:1 se nos dice que estos ciento cuarenta y cuatro mil sellados tenían el nombre del Cordero y el del Padre escrito en la frente, siendo el nombre un reflejo de su carácter.

Conocidos (v. 4-10)

Nuevamente lo que Juan escucha en los versos 4 al 8 no corresponde a lo que él ve en los versos 9 y 10. Esta es la segunda vez que usa este recurso tan útil para resumir dos realidades diferentes en un mismo concepto. Juan escucha de ciento cuarenta y cuatro mil de todas las tribus de los hijos de Israel, doce mil de cada tribu, pero ve a una gran multitud de todas las naciones, tribus, pueblos y lenguas.

El orden particular en que se presentan estas doce tribus sorprendería a los lectores judíos; no comienza nombrando al primogénito Rubén, sino a Judá, de quien descendió Jesús. En la multitud que Juan ve son incluidos los gentiles (personas de todas las naciones) en cumplimiento del pacto incondicional que Dios estableció con Abraham (Génesis 17:5). Es asombroso que el sello no es solo para algunos judíos, sino para todos aquellos que reclaman derechos de exclusividad como «siervos de nuestro Dios».

Seguros (v. 11-17)

Los ancianos lo saben, su alabanza y acción de gracias está llena de esa gran realidad: los gentiles somos el objeto de la gracia y el amor de Dios, lavados en la sangre del Cordero y sellados con su palabra. Nosotros gozamos de preciosa y perfecta comunión con Dios; vivimos delante de su trono, le servimos día y noche en su templo que es la iglesia (2 Corintios 6:16); él es nuestro sustento (Juan 6:35), nuestro pastor (Juan 10:11), nuestro consuelo (2 Corintios 1:3-4) y nuestra fortaleza (Efesios 6:10). A la luz de la visión de Juan en este capítulo, «los siervos de nuestro Dios» son aquellos que han sido acercados (Efesios 2:13) y blanqueados con la sangre del Cordero; son quienes han sido crucificados con Cristo y ya no viven ellos, sino que es Cristo quien vive en ellos (Gálatas 2:20) y a través de ellos. Estos siervos y siervas han perdido su vida por causa de Cristo, y a la vez, la han hallado en él (Mateo 10:39), para convertirse en instrumentos de su gracia y de su amor.

Ellos llevan su palabra y nombre en sus frentes. Son hechos cada día más y más a su imagen, a fin de hacer visible a Jesús en este mundo de oscuridad. En resumen, «los siervos de nuestro Dios» «*... creceremos y cada vez seremos más semejantes en todo a Cristo, que es nuestra Cabeza*» (Efesios 4:15). Este es el resultado de una vida formativa «delante del trono de Dios», una vida de comunión con él y con su palabra, de oración, de servicio y de alabanza por él y para él, buscando siempre «las cosas de arriba», no las de la tierra (Colosenses 3:1).

Abre el corazón

1. ¿De qué manera has percibido la protección de Dios en tu vida?

2. ¿Crees que podrías comenzar a expresar tu fe en un Dios inclusivo, que no tiene contrato de exclusividad con solo unos cuantos, de una manera diferente? Escribe algunas ideas y después ora sobre cada una de ellas

3. Continúa orando, tomando como base los versos 10 al 17, y al final escribe lo que más halla impresionado tu corazón de tu conversación con el Señor.

La oración

Apocalipsis 8

[1] Cuando el Cordero rompió el séptimo sello, se produjo en el cielo como una media hora de silencio.

[2] Entre tanto, los siete ángeles que estaban delante de Dios recibieron siete trompetas. [3] Otro ángel, con un incensario de oro, vino y se paró ante el altar; allí se le entregó una gran cantidad de incienso para que lo mezclara con las oraciones de todo el pueblo de Dios y lo ofreciera sobre el altar de oro que estaba delante del trono. [4] Y el humo del incienso y las oraciones que el ángel derramó en el altar ascendieron a la presencia de Dios. [5] Luego el ángel llenó el incensario del fuego del altar y lo lanzó contra la tierra. Inmediatamente se produjeron truenos, estruendos, relámpagos y un terremoto.

[6] Los siete ángeles de las siete trompetas se dispusieron a tocarlas. [7] Cuando el primero tocó la trompeta, cayó sobre la tierra una lluvia de granizo y fuego mezclados con sangre; una tercera parte de la tierra ardió y una tercera parte de los árboles quedó carbonizada; no hubo hierba verde en la tierra que no ardiera.

[8-9] El segundo ángel tocó la trompeta e inmediatamente algo semejante a una inmensa montaña encendida se precipitó en el mar y destruyó una tercera parte de los barcos; una tercera parte del mar adquirió el color rojo de la sangre y murió una tercera parte de las criaturas que viven en el mar.

[10] El tercer ángel tocó la trompeta y una gran estrella envuelta en llamas cayó sobre una tercera parte de los ríos y manantiales. [11] La estrella recibió el nombre de Amargura, porque una tercera parte de las aguas se volvieron amargas y murió mucha gente.

[12] Cuando el cuarto ángel tocó la trompeta, una tercera parte del sol, la luna y las estrellas dejó de alumbrar. La luz del día disminuyó su intensidad en una tercera parte, y también una tercera parte de la noche quedó sin luz.
[13] Y mientras miraba, un águila cruzó los cielos gritando:
«¡Ay, ay, ay, de los habitantes de la tierra, por lo que acontecerá cuando los otros tres ángeles toquen sus trompetas!».

Abre los ojos

1. ¿Qué relación puedes encontrar entre los versos 1 y 2 y los siguientes pasajes: Salmos 46:10-11; Habacuc 2:20; Sofonías 1:7?

2. Lee los versos 3 al 5 y anota: ¿qué similitudes encuentras entre el incienso y las oraciones de los santos?

3. Mientras lees los versos 6 al 13, ¿puedes pensar en una o más escenas paralelas a las descritas en el capítulo 6?

Abre la mente

La oración reverente (v. 1-2)

Para conocer a alguien lo primero que necesitamos es escuchar su historia; el problema es que no todos sabemos escuchar. Existe una disciplina espiritual muy poco practicada en nuestros días, pero muy popular entre los padres de la iglesia cristiana: la disciplina del silencio. Estos son escritores que la iglesia siempre ha tenido en alta estima por su apego a las Escrituras y su vida virtuosa; muchos de ellos, discípulos directos de los apóstoles, fueron modelos de esta disciplina. El silencio es indispensable para escuchar la música del cielo: la voz de Dios haciendo eco en el corazón (Salmos 46:10-11).

A algunos no nos gusta lo que somos y quizás por esa razón evitamos el silencio. Esta es una expresión de vulnerabilidad y sinceridad. En nuestra relación con Dios, el silencio es una gran ayuda para experimentar su gracia y derramar delante de él nuestro corazón (Salmos 62). ¡Qué mejor oportunidad para pedirle a Dios que investigue nuestro corazón, que el silencio! (Salmos 139:23-24).

La oración intercesora (v. 3-5)

Existe una estrecha relación entre los sacerdotes, el incienso y las oraciones de los santos (Apocalipsis 5:8). En el evangelio de Juan la relación entre el incienso y la oración es tan cercana que parecen sinónimos. El concepto de oración va más allá de nuestras ideas preconcebidas de pedir por asuntos personales. Este concepto, que se desprende de las poderosas imágenes que Juan nos presenta en este capítulo, es revolucionario; se relaciona más con lo que somos que con lo que hacemos de la siguiente manera:

Dedicación: El fuego del altar del sacrificio, añadido a mis oraciones, me purifica, me dedica por completo a Dios. Por lo tanto, no existe una vida de oración sin dedicación y consagración total a Dios.

Renuncia: Ya que la oración es una expresión de mi relación con Dios, involucra una renuncia total a mis deseos y planes, para abrazar los deseos y los planes de Dios.

Respuesta: La audiencia de Juan, a quienes va dirigida esta carta, esperan que Dios haga algo para consumar su plan de redención y restauración de su reino en este mundo. Pero ellos no serán simples espectadores de este plan; Juan deja en claro que los discípulos de Jesucristo son la respuesta de Dios a sus mismas oraciones. Con su presencia y testimonio, interferirán con los valores pecaminosos de este mundo.

La oración doliente (v. 6-9)

Esta imagen de las trompetas son el eco de por lo menos dos pasajes en el A.T, Levítico 25 y Josué 6. En el primero, las trompetas proclaman el año del jubileo, el día de la expiación que anunciaba el descanso de la tierra, la cancelación de las deudas y la libertad de todos los que estaban esclavizados y cautivos por causa de su pobreza, tanto nacionales como extranjeros. En el segundo pasaje se anuncia la conquista de Jericó bajo el mando de Josué con el sonido también de las trompetas. En Apocalipsis, las trompetas representan la proclamación del cumplimiento del plan divino a través de la victoria del Cordero, estableciendo su reino, trayendo libertad a los cautivos y poniendo fin a la rebelión y la maldad.

El granizo y la sangre son ecos de dos de las plagas enviadas por Dios a los egipcios (Éxodo 9:13-25; 7:14-24), y el fuego es un símbolo de juicio en toda la Biblia. Esta escena nos recuerda que la creación misma ha sido afectada e infectada por la maldad del hombre (Romanos 8:20).

La frase «la tercera parte» se repite varias veces. Este porcentaje es una minoría significativa. Entendemos que, aunque los efectos del pecado han sido devastadores, todavía hay esperanza dentro del maravilloso plan de Dios puesto en marcha para redimir a su creación entera.

Los barcos representan el comercio afectado por la misma rebelión del hombre; parecería que estas trompetas son los mismos sellos del capítulo 6, pero magnificados y descritos con mayor fuerza. Imagina por un momento que Juan está usando una línea en espiral donde profundiza cada vez más su visión, observándola desde diferentes perspectivas, en lugar de usar una línea de tiempo lineal.

El juicio (v. 10-13)

Estos versos contrastan con la esperanza y la restauración que el Mesías ha traído. Esta descomposición, la tragedia en la que la humanidad vive sumergida por ignorar las bondades de Dios es desgarradora. En el verso final el cielo se lamenta: «¡Ay, ay, ay, de los habitantes de la tierra, por lo que acontecerá cuando los otros tres ángeles toquen sus trompetas!». ¿Es ese nuestro clamor? ¿Se entristece nuestro corazón por la humanidad que vive en pecado?

Dios nos invita a contemplarlo en la lectura y meditación de su palabra para darnos una perspectiva diferente, eterna y llena de esperanza.

La invitación en este capítulo es a venir en quietud y en el silencio de nuestro corazón hacia Dios. Él nos invita a contemplarlo en la lectura y meditación de su palabra para darnos una perspectiva diferente, eterna y llena de esperanza. Esto nos moverá a elevar nuestras oraciones de acuerdo con su voluntad para convertirnos en la respuesta de Dios a un mundo que gime. Nosotros seremos «vertidos» sobre la tierra, incendiados del amor de Dios, quien no se ha olvidado de su creación. Dios, en medio de la tragedia, siempre tiene un camino de gracia: Jesucristo.

Abre el corazón

1. ¿Cuándo fue la última vez que estuviste en silencio delante de Dios, escuchando su palabra y esperando en él? ¿Qué fue lo último que te dijo?

2. Considerando tu lista actual de oración, ¿de qué manera puedes ser parte de la respuesta que tú mismo estás esperando?

3. ¿Cuál de los problemas y catástrofes que tus familiares o amigos están enfrentando rompe más tu corazón? ¿Qué puedes hacer para ser parte de la respuesta que ellos necesitan?

La anatomía del pecado

Apocalipsis 9

[1] El quinto ángel tocó la trompeta y cayó una estrella del cielo a la tierra y recibió la llave del pozo del abismo. Al abrirlo, un humo negro como de un horno gigantesco se elevó y oscureció el sol y el aire. Del humo brotaron langostas que descendieron sobre la tierra con poder para aguijonear como alacranes. Se les había ordenado que no dañaran la hierba ni ninguna planta ni ningún árbol; en cambio, debían atacar a las personas que no tuvieran el sello de Dios en la frente. No les estaba permitido matarlas, sino someterlas durante cinco meses a una agonía semejante al dolor del aguijonazo del alacrán. En aquellos días, las personas tratarán de matarse, pero no se les concederá la muerte. Ansiarán morir, pero la muerte huirá de ellos.

[7] Aquellas langostas parecían caballos preparados para la guerra. En la cabeza llevaban algo así como una corona de oro y tenían el rostro muy semejante al rostro humano. [8] Sus cabellos eran largos como de mujer, y sus dientes parecían dientes de leones. [9] Traían puestas corazas que parecían de hierro, y sus alas producían un estruendo semejante al de muchos carros que corren a la batalla tirados por caballos.

[10] Como los alacranes, llevaban el aguijón en la cola, donde precisamente residía el poder que se les había dado para dañar a la gente durante cinco meses. [11] Y eran súbditos del ángel del abismo, cuyo nombre en hebreo es Abadón y en griego, Apolión.

[12] Ya pasó uno de los horrores, pero todavía faltan dos.

¹³ El sexto ángel tocó la trompeta y escuché una voz que brotaba de entre los cuernos del altar de oro que estaba delante del trono de Dios.

¹⁴ «Desaten a los cuatro ángeles que están atados a la orilla del gran río Éufrates» —dijo la voz al sexto ángel.

¹⁵ Y aquellos ángeles, que estaban preparados precisamente para aquel año, mes, día y hora, quedaron en libertad de matar a la tercera parte de la humanidad. ¹⁶ Marcharían al frente de un ejército de doscientos millones de guerreros, según pude escuchar.

¹⁷ En visión, vi delante de mí aquella caballería. Los jinetes llevaban corazas de un color rojo fuego, si bien es cierto que algunas eran azul cielo y otras amarillas. Las cabezas de los caballos parecían cabezas de leones, y por el hocico echaban humo, fuego y azufre, ¹⁸ plagas que fueron matando la tercera parte de la humanidad.

¹⁹ Pero el poder mortal de aquellos caballos no radicaba solamente en el hocico. Sus colas parecían serpientes que con sus cabezas ocasionaban heridas mortales.

²⁰ A pesar de todo eso, las personas que sobrevivieron a aquellas plagas no se arrepintieron de sus malas acciones y siguieron adorando a los demonios y a los ídolos de oro, plata, bronce, piedra y madera que no pueden ver ni oír ni caminar. ²¹ ¡Tampoco se arrepintieron de sus crímenes, hechicerías, inmoralidades sexuales y hurtos!.

Abre los ojos

1. Observa con atención los versos 1 al 12. ¿Encuentras alguna similitud entre esta plaga y los efectos del pecado en el ser humano?

2. Compara la plaga descrita en los versos 13 al 19 con las langostas de los versos 1 al 12. ¿Encuentras alguna similitud, o alguna diferencia que te llame la atención?

3. Según los versos 20 y 21. ¿Cuál es la más terrible consecuencia que el pecado puede producir en el ser humano?

Abre la mente

Desde el capítulo 6 hemos sido expuestos al caos que el ser humano ha atraído sobre sí. Esta tragedia es cada vez más real, más intensa y terrible. Juan nos presenta de nuevo una perspectiva diferente de la misma realidad. Este capítulo se enfoca en el horror y la tragedia que viven aquellos que «no tuvieran el sello de Dios en la frente» (9:4). Esta no es una película de terror, algo que los sorprendió repentinamente, sino que es un espejismo que los sedujo, los engañó y los mató. Ellos atrajeron calamidad sobre sus vidas porque cambiaron la verdad (el evangelio de Jesucristo) por la mentira (una vida sin Dios).

Los rostros humanos en las langostas (v. 7) revelan de manera un poco grotesca la obsesión que el ser humano tiene por estar en control de su propia existencia dejando, por supuesto, afuera a Dios. Ha distorsionado la imagen de cómo fue creado, reteniendo un falso concepto de sí mismo.

En la quinta trompeta las langostas tienen «dientes de leones» (v. 8), mientras en la sexta las cabezas de los caballos parecían «cabezas de leones» (v. 17). Esta conexión entre ambas visiones tiene una progresión de dientes a cabezas. Tanto en las langostas como en los caballos su poder está en la cola (v. 10, 19). En las langostas, las colas eran como «alacranes», y en los caballos eran como «serpientes». Parecería que hablan de lo mismo, pero aumentan en intensidad. El pasaje continúa diciendo que «sus alas producían un estruendo semejante al de muchos carros» (v. 9). Así es como el hombre sin Dios se ve a sí mismo, lleno de magnificencia. Y la historia se repite; lo que comienza siendo algo seductor, atractivo y deseable, como en el jardín del Edén, termina siendo un terrible tormento.

Primero, es seductor (v. 1-12)

El pecado es esencialmente engañoso (Hebreos 3:13); nos promete mucho, pero termina dándonos muy poco. Al principio, nos pone al control de nuestras propias vidas, pero pronto estas se vuelven incontrolables. Al igual que en estas imágenes, cuando el pecado nos controla nos sentimos poderosos, a cargo de nuestras vidas. Cuando el pecado se convierte en la constante de nuestras vidas nos convertimos en esclavos de nuestras pasiones más bajas (Juan 8:34). El pecado deja de ser nuestro confidente para convertirse en nuestro verdugo. Nuestras relaciones comienzan a deteriorarse, nuestra esencia como personas creadas a imagen y semejanza de Dios se distorsiona. Todo comienza a morir poco a poco dentro de nosotros. El pasaje dice que «Ansiarán morir, pero la muerte huirá de ellos» (v. 6). La persona en esa condición es un reo de la muerte.

> **Cuando el pecado se convierte en la constante de nuestras vidas deja de ser nuestro confidente para convertirse en nuestro verdugo.**

Después, es mortal (v. 13-19)

El río Éufrates traía a la memoria imágenes de juicio, destrucción y muerte. Ambos, judíos y romanos, perdieron batallas militares y cruzaron el río Éufrates en su derrota. Para los judíos sucedió en el año 722 a.C., cuando fueron llevados cautivos por los asirios, y en 587 a.C. por los babilonios. Por su parte, el imperio romano, invencible y poderoso, experimentó su primera derrota militar en el año 53 d.C. cuando intentaron invadir el actual Irán.

El río Éufrates era una pesadilla militar, una imagen de destrucción y muerte que los llevaba a recordar aquellas terribles y devastadoras derrotas. De la misma manera, la imagen del pecado pasa de ser para nosotros algo atractivo a hacernos sus esclavos, a los que finalmente mata (Romanos 6:23).

Siempre engañoso (v. 20-21)

Ezequiel 18:23 deja al descubierto el deseo del corazón de Dios: «¿Creen acaso que me agrada ver a los malos morir?, pregunta el *Señor*. *¡Por supuesto que no! Yo solamente quiero que se arrepientan de sus conductas perversas y puedan seguir viviendo»*. Aunque podemos reconocer la paciencia de Dios a través de estas plagas, donde «la tercera parte», esto es, una minoría, está sufriendo las consecuencias de la dureza de sus corazones, es extraño que el ser humano no se arrepienta. Esto es porque la naturaleza misma del pecado es así: seduce, engaña y mata. A la luz de estas terribles consecuencias, se nos invita a los discípulos a orar por las almas y no perder ninguna oportunidad de predicar el evangelio.

Abre el corazón

1. ¿Cuál es el dolor más terrible que el pecado alguna vez ha producido en ti?

2. ¿Puedes pensar en alguna cosa peor que el hecho de que alguien muera sin el perdón de sus pecados?

3. ¿Qué puedes hacer para elevar en ti y en las personas de tu iglesia o comunidad la «temperatura evangelística» (el amor por las almas)? Después de escribir algunas ideas, tómate un momento para orar sobre cada una de ellas.

La lectura
de la Biblia

Apocalipsis 10

¹ Vi a otro ángel poderoso descender del cielo envuelto en una nube, con un arco iris sobre la cabeza. El rostro le resplandecía como el sol y sus piernas llameaban como antorchas gigantescas. ² En la mano, abierto, sostenía un librito.

Puso el pie derecho en el mar y el izquierdo en la tierra, ³ y dio un grito semejante al rugido de un león. Poco después, los siete truenos rugieron también. ⁴ Yo ya iba a escribir lo que dijeron los truenos, pero una voz del cielo gritó: «¡No, no lo hagas! Estas palabras no pueden ser reveladas».

⁵ Entonces, el ángel que estaba de pie sobre mar y tierra elevó al cielo la mano derecha, ⁶ y juró por el que vive para siempre, Creador del cielo y de lo que en él existe, de la tierra y de lo que en ella existe, y del mar y de los seres que lo habitan, que ya no habría más demoras: ⁷ cuando el séptimo ángel tocara la trompeta, el plan de Dios, que había permanecido en secreto, se llevaría a cabo tal y como lo anunció a sus siervos los profetas.

⁸ En ese momento, la voz del cielo me habló de nuevo: «Ve y toma el librito que está abierto en la mano del ángel que está de pie sobre tierra y mar».

⁹ Yo me le acerqué y se lo pedí. «Sí» me respondió; «tómalo y cómetelo. Al principio te sabrá a miel, pero cuando te lo tragues te amargará el estómago».

¹⁰ Lo tomé entonces y me lo comí. Y, efectivamente, me fue dulce en la boca, pero al tragármelo me amargó el estómago. ¹¹ Entonces el ángel me ordenó: «Todavía tienes que profetizar de nuevo sobre muchos pueblos, naciones, lenguas y reyes».

Abre los ojos

1. Lee los versos 1 al 7 y haz una lista de todas las referencias directas o indirectas a la palabra de Dios que encuentres en estos siete versos.

2. Anota todo lo que el capítulo dice acerca del «librito».

3. ¿Cuántas y cuáles mandatos puedes encontrar en todo el capítulo?

Abre la mente

Este es el segundo «interludio» por el que pasamos y nos llama a reflexión y esperanza, ya que son «descansos» de la trama. Este intermedio nos afirma la identidad de la iglesia, de los discípulos de Jesucristo. Dios nos asegura su protección, vindicación y recompensa.

La primera lectura no es fácil (v. 1-7)

Juan iba a escribir lo que escuchó, pero no se le permitió porque esas palabras «no pueden ser reveladas» (v. 4). La palabra de nuestro Dios es incomprensible para el «que no tiene el Espíritu» (1 Corintios 2:14), aquel que trata de comprender lo espiritual con su intelecto. La palabra de Dios es de inspiración divina (2 Timoteo 3:16), por lo que su comprensión es posible solo a la luz de su Espíritu (Juan 16:13).

La comprensión de la Biblia no está reservada para los eruditos, los creyentes o avanzados estudiosos de las Escrituras. Podríamos pasar toda la vida estudiándola y no encontrar en ella sentido alguno. Comprender la Biblia no es cuestión de capacidad o de esfuerzo humano sino de actitud. Jesús oró al Padre en

Mateo 11:25: «*Te alabo Padre, Señor del cielo y de la tierra, porque escondiste estas cosas de los sabios e inteligentes, y se las diste a conocer a los niños*».

La primera lectura de un pasaje no es algo sencillo, podemos muy fácilmente frustrarnos si asumimos que los tesoros de la sabiduría y el conocimiento que están «escondidos» en Cristo (Colosenses 2:3) están a simple vista. Estos esperan a aquellos que se atrevan a buscarlos en oración ferviente y constante (Proverbios 2:4-5). Por lo tanto: ora, ora, ora. Recuerda este principio de Robert Sanderson acerca del estudio bíblico: «La oración sin estudio es presunción. El estudio sin oración es ateísmo».

La segunda lectura es crucial (v. 8-10)

«Tómalo y cómetelo» es una orden que pudiera parecernos extraña en cuanto a un libro. Pero esta era una imagen con la que los judíos cristianos estaban familiarizados; en Ezequiel 2:8-9, el profeta es urgido a «comer» un rollo escrito. Dios tenía algo que comunicar a su pueblo: un amargo juicio habría de acontecer. El profeta Jeremías experimentó algo similar cuando escribió: «*Son tus palabras las que me dan ánimo y consuelo; ellas son como alimento para mi vida desesperada, traen alegría a mi corazón triste y me deleitan. ¡Qué orgulloso estoy de contribuir para que tu nombre se vuelva más famoso, oh Señor de los ejércitos!*» (Jeremías 15:16).

Qué grande es la bendición de comprender que la palabra de Dios, antes que querer nutrir nuestro cerebro con información, nutre nuestro corazón (1 Pedro 2:2-3; 1 Corintios 8:1-3). Jesús mismo, cuando fue dirigido por el Espíritu al desierto para ser tentado, después de ayunar y ser tentado, dijo en Mateo 4:4: «*Escrito está: 'Para vivir no sólo es importante el pan: debemos obedecer todo lo que manda Dios'*».

Jesús es el modelo de cómo debe ser la relación de un hijo de Dios con su Padre celestial: una de completa dependencia y devoción a él a través de la lectura, el estudio, la meditación y la obediencia a su palabra. Debemos «comer» la palabra de Dios que nutre el alma. ¿Dirías que estás bien nutrido de la palabra de Dios?

Algunos solo escuchan lo que otros dicen acerca de la Biblia, pero la Biblia es alimento solo cuando tú la comes.

Algunos solo escuchan lo que otros dicen acerca de la Biblia, pero la Biblia es alimento solo cuando tú la comes. Necesitas leerla por ti mismo, probarla, desarrollar el gusto por ella, conocerla, disfrutarla, meditarla hasta que te acostumbres a pensar en ella y a compartirla.

La tercera lectura (v. 11)

¿Has escuchado la siguiente frase de William J. Toms?: «*Ten cuidado de cómo vives. Puedes ser la única Biblia que alguna persona lea en su vida*». En el N.T. hay pasajes que hablan de la responsabilidad y el privilegio que los discípulos tienen ante el mensaje que se nos encargó (1 Corintios 9:16-17). Por esta razón, la tercera lectura, aquella que otros hacen de ti, no es menos importante que las primeras dos. Tú y yo somos cartas de Cristo, escritas con el Espíritu de Dios, en las tablas del corazón (2 Corintios 3:2-3). El mensaje de Jesús enfrenta al ser humano con su realidad, como en el caso del librito que se le da de comer a Juan. Por otro lado, el mensaje de Jesús es dulce al paladar por el consuelo de amor y perdón para aquellos que digieren esas verdades con humildad, honestidad, arrepentimiento y fe. Romanos 6:23 lo expresa así: *«Porque si bien la paga del pecado es muerte, el regalo que nos da Dios es vida eterna a través de Jesucristo nuestro».*

Este mensaje necesita ser parte de nuestra vida y para ello necesitamos comerlo, digerirlo y vivirlo diariamente. Nuestro mensaje será creíble cuando nuestras vidas como seguidores de Jesús lo sean. Dios tiene mucho que decir a este mundo desesperanzado y quiere usar nuestras vidas para comunicarlo. Es necesario que su iglesia hable el evangelio a muchos pueblos, naciones, lenguas y reyes, y cumplamos así la encomienda que el Señor en Mateo 28:19-20: *«Por lo tanto, vayan y hagan discípulos en todas las naciones. Bautícenlos en el nombre del Padre, del Hijo y del Espíritu Santo, y enséñenles a obedecer los mandamientos que les he dado. De una cosa podrán estar seguros: estaré con ustedes siempre, hasta el fin del mundo».*

Abre el corazón

1. ¿Qué es lo que haces cuando encuentras en la Biblia un pasaje difícil de entender?

2. ¿Cuál fue el último mandato de la Biblia que obedeciste? ¿Cuál te falta por obedecer?

3. Tómate unos minutos y escribe una lista con los nombres de tres personas por las que vas a orar diariamente hasta el día que puedas presentarles el evangelio.

Profetiza otra vez

Apocalipsis 11:1-13

¹ Se me entregó una vara de medir y se me pidió que fuera a medir el templo de Dios y el altar. Se me pidió también que contara cuántos adoradores había. ² «Pero no midas las partes externas del templo —me dijeron—, porque han sido entregadas a las naciones y estas se pasarán tres años y medio humillando a la ciudad santa. ³ Y enviaré a mis dos testigos para que profeticen durante mil doscientos sesenta días vestidos de luto».

⁴ Los dos profetas en cuestión eran los dos olivos y los dos candeleros que están delante del Señor de la tierra. ⁵ Cualquiera que trate de hacerles daño, morirá víctima de las llamaradas de fuego que brotan de la boca de aquellos dos personajes. ⁶ Estos tienen poder para cerrar los cielos de manera que no llueva mientras estén profetizando. También tienen poder para convertir en sangre las aguas y enviar plagas sobre la tierra cada vez que lo deseen.

⁷ Cuando hayan terminado de dar su testimonio, la bestia que surge del abismo les declarará la guerra, los vencerá y los matará. ⁸⁻⁹ Durante tres días y medio se exhibirá sus cadáveres en las calles de la ciudad llamada «Sodoma» o «Egipto» en sentido figurado, donde crucificaron a su Señor. No se le permitirá a nadie enterrarlos, y gente de todo pueblo, tribu, lengua y nación desfilará junto a ellos para verlos. ¹⁰ Aquel será un día de júbilo mundial; en todas partes, las gentes felices intercambiarán regalos y organizarán fiestas en celebración de la muerte de los dos profetas que tanto las habían atormentado.

¹¹ Pero al cabo de los tres días y medio, un aliento de vida enviado por Dios entrará en los dos profetas, y se levantarán. Un gran terror se apoderará del mundo entero. ¹² Entonces, una potente voz del cielo llamará a los dos profetas, y ellos ascenderán al cielo en una nube, ante los ojos de sus enemigos.

[13] En aquel preciso instante, un terrible terremoto sacudirá la tierra y una décima parte de la ciudad se derrumbará dejando un saldo de siete mil muertos. Los sobrevivientes, llenos de espanto, glorificarán al Dios del cielo.

Abre los ojos

1. El último verso del capítulo 10 y los primeros dos del capítulo 11 son parte de un mismo contexto, ¿cuál pudiera ser la causa y el efecto entre estos tres versos?

2. Según esta historia, ¿qué aspecto del testimonio de estos «dos testigos» es igualmente importante y trascendente según los versos 7 al 10?

3. ¿Cuáles fueron los aspectos indispensables para la conversión del resto de los hombres que terminaron dándole la gloria a Dios en los versos 11 al 13?

Abre la mente

¿Quién más lo haría? (v. 1-2)

Una de las más importantes y efectivas reglas de interpretación es considerar el contexto del pasaje. En este caso, consideremos el contexto anterior; el capítulo 10 nos presenta un interludio que le asegura a la iglesia tanto su protección como su recompensa. En este caso, el interludio se extiende desde el verso 10:11 hasta el verso 11:2; estos tres versos pertenecen al mismo contexto. A Juan se le dice que profetice sobre muchos pueblos, para lo que se le da una vara para medir el templo de Dios. Una vez medido el templo de Dios, el ángel envía a sus dos testigos para que profeticen. ¿Cuál es la enseñanza del N.T. acerca del templo de Dios? Pablo escribió en 1 Corintios 3:16: «¿No se dan cuenta de que son el templo de Dios, y que el Espíritu de Dios mora en ustedes?».

El templo de Dios, consagrado a Dios por su misma presencia, es una casa para él, limpia y sin mancha donde el Señor manifiesta su gloria. Es una casa que él edifica (Mateo 16:18).

No estás solo (v. 3-6)

Este relato es complejo de descifrar y de definir para muchos eruditos. ¿Quiénes son estos dos testigos? Es aquella comunidad que fue medida y que es portadora de la presencia misma de Dios, es aquella a quienes Jesús nos ha dado la tarea de ir por todo el mundo y predicar el evangelio (Mateo 28:16-20). Recuerda que, a la hora de tratar de entender un pasaje, una mayor observación del texto bíblico nos ayudará a tener siempre una mejor interpretación de este.

> **Una mayor observación del texto bíblico nos ayudará a tener siempre una mejor interpretación de este.**

Su profecía duraría mil doscientos sesenta días. Ese periodo tiene su origen en el libro de Daniel, donde se describe de manera diferente: «*Tres tiempos y medio*» o *tres años y medio* (Daniel 12:7). Juan usa la frase de Daniel para hacer contraste con una de las imágenes que ha venido usando a través de libro, el número siete. Tres años y medio es la mitad de la totalidad o plenitud de un período. El proclamar el evangelio es solo la mitad del trabajo que la iglesia está llamada a hacer ante el glorioso regreso de nuestro Señor. Jesús instruyó a sus discípulos a predicar y les dijo que señales los seguirían (Marcos 16:15-20; Juan 14:12-13).

¿Cuáles son las obras sobrenaturales que los discípulos de Jesucristo estamos llamados a realizar? ¿Cuáles son las obras que solo el Espíritu puede hacer a través de nosotros? ¿Cuál es aquella gloria que la iglesia manifiesta ante un mundo que muere sin Dios? La respuesta la dio Jesús en Mateo 5 al 7. ¿Te atreves a hacerlas?

Parábolas vivientes (v. 7-10)

Un aspecto interesante acerca de los profetas en el A.T. es que es casi imposible separar su vida de su mensaje. Las instrucciones que Dios les da para obedecer se convierten en el «cuerpo» de su mensaje, son como «parábolas vivientes». Oseas, llamado a casarse con una mujer infiel, desde su dolor, le habla al pueblo de Israel de su infidelidad y del inagotable amor de Dios; Isaías es llamado a estar desnudo y descalzo, representando así la manera en cómo los pueblos de Egipto y Etiopía serían llevados cautivos por el rey de Asiria. De la misma manera, los dos testigos son llamados a ser parábolas vivientes. Ellos hablarán del gran sacrificio de amor de Cristo a través de su propio sufrimiento, *«el justo por los injustos, para llevarlos a ustedes a Dios»* (1 Pedro 3:18; Colosenses 1:24).

La iglesia en este interludio está llamada a profetizar, proclamar el evangelio de Jesucristo, no solo con palabras sino con sus vidas. El pequeño librito contiene un mensaje agridulce, ya que la misericordia y gracia de nuestro Dios con la que somos amados en Jesucristo, despertará el odio de los que no entienden las palabras y necesitan «ver» el poder del evangelio en acción.

Tu trabajo nunca será en vano (v. 11-13)

El clímax de este interludio contiene un destello de gracia del cielo, produciendo temor y arrepentimiento en aquellos que no murieron a causa del terremoto. Aquí el énfasis no está en el remanente fiel sino en aquella multitud urgida de esperanza y salvación. De ellos Dios nuevamente tiene misericordia y ellos «glorificarán al Dios del cielo» (v. 13). Este pasaje nos da esperanza a aquellos que por causa del evangelio soportamos los sufrimientos como buenos soldados de Jesucristo (2 Timoteo 2:3), sabiendo que todo nuestro trabajo en el Señor nunca será en vano (1 Corintios 15:58).

La muerte y resurrección de Jesucristo es evidente en aquellos siervos de Dios que no se avergüenzan de su evangelio. Es la vida de Jesús en ellos lo que Dios usa para crear convicción en el corazón del mundo incrédulo. Es necesario que todo el mundo pueda ver en los discípulos de Jesucristo su vida de sacrificio, amor y esperanza; y esto, no en sus propias fuerzas sino en el poder de su Espíritu (Zacarías 4:6).

Abre el corazón

1. Si la responsabilidad y el privilegio de dar a conocer el evangelio de Jesucristo recae en todos los creyentes, ¿qué pasos estás dando (o pudieras empezar a dar) para que este plan sea una realidad en tu vida?

2. ¿Has sido testigo del poder de Dios acompañándote (de alguna forma) mientras eres testigo a otros de su evangelio?

3. ¿Cómo podrías ser una «parábola viviente» del amor de Dios para aquellos que aún no conocen a Cristo?

Jesucristo reina

Apocalipsis 11:14-19

[14] Así termina el segundo horror, pero el tercero no se hace esperar.

[15] El séptimo ángel tocó la trompeta, y varias voces potentísimas gritaron desde el cielo:

«El reino de este mundo pertenece ahora a nuestro Señor y a su Cristo; y él reinará para siempre».

[16] Y los veinticuatro ancianos que estaban sentados en sus tronos delante de Dios se inclinaron sobre sus rostros para adorarlo, [17] diciendo:

«Te damos las gracias, Señor, Dios Todopoderoso, que eres y que eras, porque has tomado tu gran poder y has comenzado a reinar.

[18] Las naciones se enojaron contra ti, pero ha llegado el momento de castigarlas.

Ha llegado la hora de juzgar a los muertos y de premiar a tus siervos los profetas, a tu pueblo santo y a cualquier persona, grande o pequeña, que respete tu nombre.

Y ha llegado el momento de destruir a los que han traído destrucción a la tierra».

[19] Entonces el templo de Dios se abrió en el cielo y el cofre de su pacto quedó al descubierto. Y hubo relámpagos, estruendos, truenos, un terremoto y una fuerte granizada.

Abre los ojos

1. 1.- Lee los versos del 15 al 19 en las siguientes versiones: RVR1960, BTX (Biblia Textual), NBV, NVI y LBLA. ¿Cuáles son las más notables diferencias entre ellas?

2. 2.- De qué manera estas diferencias pueden ayudar, o no, a contestar la pregunta: ¿qué dice el texto?

3. 3.- ¿Qué podrías decir que tiene en común este texto con Mateo 4:17 y Mateo 6:9-10?

Abre la mente

En la tierra como en el cielo (v. 14-15)

Después de leer este capítulo imaginamos que es el fin de la historia. Este pasaje, al igual que el capítulo 19, describe el final del drama de Apocalipsis. En estos versos nuevamente nos damos cuenta de que Apocalipsis, más que relatar una sucesión de eventos, es la repetición de las mismas realidades, pero contadas cada vez desde diferentes perspectivas, con mayor intensidad y alcance.

Al inicio del ministerio de Jesucristo tanto él como Juan el Bautista hicieron del reino de Dios el tema central de su predicación (Mateo 3:2; 4:17). El reino de Dios es el clímax de la profecía del A.T. Es el foco de atención hacia donde todos los profetas apuntaron. La promesa era el advenimiento del Mesías prometido que gobernaría no solo sobre Israel sino sobre todas las naciones de la tierra (Salmos 2). «El reino de los cielos» y «el reino de Dios» son parte del lenguaje de Juan. El reino de Dios se acercó en la persona del rey del universo hecho carne, Jesucristo, el hijo de Dios. Aunque este reino ya fue establecido, tendrá su consumación cuando Jesucristo nuestro Señor regrese en la gloria del Padre (Mateo 16:27). La mala comprensión de esto ha moldeado la mentalidad de muchos cristianos a través de la historia; han olvidado que Jesús es Señor y han perdido la esperanza y por lo tanto la efectividad del testimonio cristiano. Esperan solamente su regreso para que al fin ponga en orden a este mundo, y toman una actitud apática y quizá hasta irresponsable de la misión cristiana. Si algo nos enseña Apocalipsis es que nuestra adoración a Dios debe ser más una muestra pública de lealtad hacia nuestro rey Jesús y no una fe privada y ritualista de domingo.

Eternamente (v. 16-18)

Salomón nos da una de las mejores definiciones acerca de lo que es la eternidad en Eclesiastés 3:14-15: «*Y esto sé: que todo lo que Dios hace permanece para siempre; nada puede añadírsele ni quitársele; lo que Dios se propone es que el ser humano le tema. Lo que ahora existe ya existía, y lo que va a existir, existe ya. Dios hace que la historia se repita*».

¿Cómo puede ser que el humano, estando limitado a su realidad presente de espacio y tiempo, pueda siquiera imaginar algo como la eternidad? Algo que Salomón nos muestra en este pasaje es que tanto el pasado como el futuro van de la mano en un «presente continuo». Para Juan, en el verso 17, Jesús es hoy el mismo que era antes. En la mayoría de las traducciones la frase «el que ha de venir» está omitida, esto es porque los manuscritos usados como la base de su traducción son más antiguos (más cercanos al original). Más allá de la controversia acerca de cuáles son las «mejores traducciones», ¿no crees que Juan da énfasis al hecho de que Jesús ya ha tomado su gran poder y ha reinado? Esto nos debe hacer pensar en primer lugar que Jesús no será más Señor en el futuro de lo que es hoy (Mateo 28:18). Con este contexto en mente, aquellos ancianos sentados en sus tronos –el reino de sacerdotes– lo adoran postrados y le confiesan que serán suyos. ¿Qué significa para ti el no tener que esperar más y ver a Jesús tomando su poder y reinando hoy, para adorarle, servirle y confesarle? Salmos 2:10-12 dice lo siguiente: «*Ustedes, los reyes, obren sabiamente. Sirvan al Señor con temor reverente; con temblor ríndale alabanza. Bésenle los pies, antes que se encienda su ira y perezcan en el camino, pues su ira se inflama de repente. ¡Dichosos los que en él buscan el refugio!*».

Necesitamos ver el mundo como Dios lo retrata en su palabra, el lugar donde él ha venido a establecer su reino.

Antes de ver un mundo rendido ante el señorío de Jesús, los discípulos de Jesús debemos rendirnos hoy en servicio, sacrificio y amor a nuestro Señor. ¿Podría ser esta la manera de orar de «*Venga tu reino y cúmplase en la tierra tu voluntad como se cumple en el cielo*» (Mateo 6:10)?

En verdad (v. 19)

En este verso final se nos permite ver al interior del templo por primera y única vez. ¿Qué se puede ver? ¡El cofre de su pacto! Llamado también el arca del testimonio, ya que en su interior contenía las dos tablas de la ley con las que el Señor hizo un pacto con su pueblo Israel (Éxodo 25:16; 1 Reyes 8:9; Hebreos 9:4). Dios promete exaltar su palabra y su nombre por sobre todas las cosas (Salmo 138:2b). Esta mirada al interior del templo es prueba de ello. Dios es fiel a sus promesas, su palabra permanece para siempre. El esperando cumplimiento de la promesa hecha por Dios de reinar en medio de su pueblo, habiendo derrotado a sus enemigos para establecer finalmente su reino de justicia y paz, se ha cumplido en la muerte y resurrección de su Mesías. Aunque esta es una realidad presente, a la vez está por consumarse el final de su victoria. Necesitamos ver el mundo como Dios lo retrata en su palabra, el lugar donde él ha venido a establecer su reino. A través de este reino sus discípulos han comenzado a llenar al mundo del conocimiento de Dios como las aguas cubren el mar (Habacuc 2:14). Si bien la tierra entera está ya llena de su gloria (Isaías 6:3), ¿podrías comenzar a vivir hoy en medio de la tensión que establece el «ya y todavía no» y el «todavía no y ya»?[1]

Abre el corazón

1. ¿Cuál dirías que ha sido tu manera de pensar hasta el día de hoy al contemplar el caos y la maldad que impera en este mundo: un deseo de «ir al cielo» o un deseo de contribuir en la transformación de este mundo trayendo «el cielo a la tierra»?

2. ¿Cómo podría tu alabanza a Dios reflejar tu certeza y convicción de que Jesús es el Señor de todo y de todos?

3. ¿Cómo podrías empezar a ver el mundo con «ojos de esperanza»?

---

1. Concepto teológico propuesto por Geerhardus Vos.

¿Sabías que...?

Apocalipsis 12

¹ Entonces apareció en el cielo una señal maravillosa: una mujer revestida del sol, con la luna bajo sus pies y una corona de doce estrellas en la cabeza.
² Estaba embarazada y gritaba con dolores de parto.
³ De pronto apareció en el cielo otra señal: un enorme dragón rojo con siete cabezas, diez cuernos y una corona en cada cabeza. ⁴ Con la cola arrastró tras sí una tercera parte de las estrellas y las arrojó sobre la tierra. Luego se detuvo frente a la mujer en el momento mismo en que iba a dar a luz, a fin de comerse al niño tan pronto como naciera.
⁵ La mujer dio a luz un hijo varón que gobernará las naciones con mano fuerte. Inmediatamente le arrebataron a su hijo y lo llevaron ante Dios y su trono. ⁶ La mujer huyó al desierto, donde Dios le tenía preparado un lugar en el que la sustentarían durante mil doscientos sesenta días.
⁷ Se libró entonces una gran batalla en el cielo. Miguel y los ángeles que están bajo su mando pelearon contra el dragón y sus huestes de ángeles. ⁸ Estos últimos, una vez vencidos, fueron expulsados del cielo. ⁹ ¡Aquel gran dragón, que no es otro sino la serpiente antigua que se llama diablo o Satanás, y engaña a todo el mundo, fue arrojado a la tierra junto con la totalidad de su ejército!
¹⁰ Escuché entonces que una potente voz proclamaba en el cielo:
«¡Al fin llegó la salvación, el poder y el reino de nuestro Dios, y la autoridad de su Cristo!, porque el acusador de nuestros hermanos, el que los acusaba día y noche ante Dios, ha sido expulsado del cielo.
¹¹ Ellos lo vencieron con la sangre del Cordero y por el mensaje del que dieron testimonio, pues teniendo en poco sus vidas, no evitaron la muerte.

[12] ¡Regocíjense, oh cielos! ¡Regocíjense, habitantes de los cielos! ¡Pero pobres de ustedes, habitantes de la tierra y del mar, porque el diablo ha bajado rabiando de furia por el poco tiempo que le queda!».

[13] Cuando el dragón vio que lo habían arrojado a la tierra, corrió en persecución de la mujer que dio a luz al niño. [14] Pero la mujer recibió dos alas de una gran águila y pudo volar al lugar que se le había preparado en el desierto, donde durante tres años y medio la habrían de sustentar, lejos de la serpiente.

[15] La serpiente, que iba tras la mujer, arrojó por su hocico un caudal de agua que corrió como torrente hacia la mujer; [16] pero la tierra, para ayudarla, abrió la boca y se tragó el torrente.

[17] Furioso al darse cuenta de esto, el dragón se propuso atacar a los demás hijos de la mujer, que son los que guardan los mandamientos de Dios y dan testimonio de Jesús.

Abre los ojos

1. Mientras lees el capítulo 12 completo, haz una lista de todo lo que aprendas acerca de «la mujer revestida de sol».

2. Haz ahora lo mismo con el dragón y el hijo de la mujer.

3. ¿Qué dice este capítulo acerca de la batalla que enfrentan los discípulos? Hazle preguntas periodísticas a este capítulo (qué, quién, dónde, cuándo, cómo, por qué).

Abre la mente

Introducción (v. 1-2)

Existen varias imágenes en este pasaje que nos recuerdan a otras historias. El relato que nos presenta Juan en este capítulo parece ser eco de algunas historias mitológicas conocidas por la gente del siglo I. Entre estas está la historia mitológica del nacimiento de Apolo. Su madre, la diosa mitológica Leto, huyó de la serpiente llamada Pitón estando embarazada de Apolo, porque la serpiente sabía por una profecía que su hijo la mataría al nacer. Pitón quería evitar el nacimiento de Apolo a toda costa. Esta historia, conocida por los judíos creyentes de la época, cobraría un significado diferente al ser reinterpretada en términos de su tradición como la expectativa del Mesías.

El sol, la luna y las estrellas parecen ser el eco de uno de los sueños de José (Génesis 37:9). Esas doce estrellas en la tradición judía representaban a los hijos de Jacob, aquellos que luego formaron las doce tribus de Israel.

La mujer vestida de sol en esta escena representa a Israel. Romanos 9:5 nos dice: «*Los israelitas son descendientes de los patriarcas, y de ellos, según la naturaleza humana, nació Cristo, que es Dios sobre todas las cosas. ¡Bendito sea para siempre! Amén*». Ellos son dignos de notar sus atributos divinos como el de estar «vestida de sol». Esta imagen nos hace pensar en Israel, pero no según la carne, sino el «Israel de Dios» (Romanos 2:28-29).

¿Sabías que Jesús tiene un adversario? (v. 3-6)

El color rojo con el que Juan describe al dragón es el mismo que usó en Apocalipsis 6:4 para describir al caballo del segundo sello. El jinete montado sobre él recibió autorización para quitar la paz de la tierra y provocar guerras. Las siete cabezas, diez cuernos y siete coronas del dragón nos hablan de la autoridad que le ha sido dada. Desde el Edén, este dragón busca seducir al ser humano para que este satisfaga sus deseos mezquinos, temporales, egoístas y autodestructivos. Este dragón aparece a través de la Biblia ansioso por «devorar» a Jesús. Lo vimos cuando Herodes mandó matar a los niños menores de dos años para acabar con «el rey de los judíos» (Mateo 2). Pero Jesús no será vencido; en el verso 5 se nos dice que el hijo gobernará con mano fuerte, eco nuevamente de Salmos 2, favorito de los escritores del N.T. para describir el reinado eterno del Mesías. Este verso nos da una muy breve descripción de la muerte, resurrección y exaltación de Jesús.

Es esperanzador ver a la mujer en medio del conflicto, sustentada, pastoreada y protegida por Dios tal como el Israel de Dios que va al desierto a servir y a ser sustentado por su Dios y a conocer a su poderoso Señor. Como discípulos de Jesús somos protegidos por Dios. En ese desierto nuestra adoración es solo para Dios; estaremos ahí por un tiempo limitado y dispuesto por Dios. Al igual que los dos testigos del capítulo 10, el Israel de Dios también es perseguido, protegido, sustentado y fortalecido.

¿Sabías que su adversario está furioso? (v. 7-12)

Juan nos habla acerca de una pregunta que ha estado presente hasta el momento: ¿Quién está detrás de todo este conflicto cósmico que capítulo a capítulo cobra más y más intensidad? Aquí se abre la cortina del mundo espiritual y vemos la batalla contra el dragón, la serpiente antigua que se llama diablo (acusador) o Satanás. Este adversario fue vencido, Jesús lo hirió cuando, al morir en la cruz y resucitar, «despojó a los seres espirituales que tienen poder y autoridad, y, por medio de Cristo, los humilló públicamente y los exhibió en su desfile triunfal» (Colosenses 2:15).

Aunque Jesús fue quien arrebató el imperio de la muerte al diablo, la batalla en el cielo es librada por el arcángel Miguel y sus ángeles. Después de una gran lucha, el acusador de nuestros hermanos es expulsado. La acusación, así como la batalla, ha cesado en el cielo, y la victoria ha venido a ser de Dios en Cristo, pero la batalla en la tierra continúa (Efesios 6:11-12). Es en esta esfera que aparecen los discípulos de Jesús. Nosotros también libramos esta batalla, pero no peleamos por la victoria sino *con* la victoria.

Nuestra victoria la obtenemos por medio de la muerte del Señor Jesucristo, quien nos otorga su justicia al momento de creer en él (Romanos 3:21-26). Él ha cesado toda acusación, «Él eliminó la prueba acusatoria que había contra ustedes, es decir, los mandamientos de la ley. Esa quedó anulada cuando la clavó en la cruz» (Colosenses 2:14). La victoria sobre el dragón es con palabras y acciones que demuestran que hemos creído en Jesucristo y vivimos por él.

> **No peleamos por la victoria sino con la victoria.**

¿Sabías que su adversario, es también el tuyo? (v. 13-17)

Una hermosa manera de resaltar el poder, la autoridad y el cuidado de Dios en cada momento de nuestra vida es enfrentando los ataques del dragón, mientras vivimos dándole gloria a Jesús. Los ataques del dragón nos abren espacio para que, como su pueblo, encontremos refugio, cuidado y protección en Jesús. En esta visión no hay espectadores; los que tenemos el testimonio de Jesucristo vivimos en una batalla constante, sabiendo que el hijo de Dios ya ganó por nosotros y reina eternamente.

Abre el corazón

1. ¿Dirías que la batalla o guerra espiritual te acerca a Dios o te aleja de él?

2. ¿Cuál es el campo de batalla más común donde enfrentas los ataques del dragón (tu cuerpo, tu mente, tus relaciones, tu adoración y servicio a Dios, tu fe, otro)?

3. ¿Tienes un compañero de oración que esté orando por ti y por quien también tú ores regularmente?

¿Quién como la bestia?

Apocalipsis 13

¹ Y el dragón se paró a la orilla del mar.

Vi entonces que una bestia surgía de las aguas del mar. Tenía siete cabezas, diez cuernos y diez coronas sobre sus cuernos. Y en cada una de las cabezas tenía escritos nombres que insultaban a Dios. ² Parecía un leopardo, pero tenía pies de oso y boca de león. El dragón le entregó a la bestia el poder, el trono y la gran autoridad que poseía.

³ Una de las cabezas de la bestia parecía herida de muerte, pero sanó. El mundo, maravillado de semejante milagro, siguió a la bestia. ⁴ Adoraron al dragón, que le había dado el poder a la bestia, y asimismo adoraron a la bestia. «¿Quién como la bestia?» —exclamaron—. «¿Quién podrá pelear contra ella?».

⁵ A la bestia se le permitió que dijera blasfemias contra el Señor; y también se le dio autoridad para actuar por cuarenta y dos meses, ⁶ durante los cuales blasfemó contra el nombre de Dios, de su morada y de los que habitan en el cielo.

⁷ La bestia también recibió poder para pelear contra el pueblo de Dios y vencerlo, y se le dio autoridad para gobernar a todas las naciones de este mundo. ⁸ Y la adoraron todos los seres humanos cuyos nombres no estaban inscritos, desde la creación del mundo, en el libro del Cordero que fue sacrificado.

⁹ El que tenga oídos, escuche bien:

¹⁰ El que deba ir preso, caerá preso; el que deba morir a espada, morirá a filo de espada.

Aquí se verá la paciencia y la fidelidad del pueblo santo.

[11] A continuación vi que otra bestia surgía de la tierra con dos cuernos semejantes a los de un cordero, pero con una voz como la del dragón. [12] Poseía la misma autoridad de la primera bestia en presencia de esta, y exigió que el mundo entero adorara a la primera bestia, que había sido sanada. [13] Los milagros que realizaba eran increíbles; podía, por ejemplo, hacer que cayeran del cielo llamaradas de fuego ante los ojos asombrados de la humanidad. [14] Y con los milagros que podía realizar en presencia de la primera bestia, engañó a la humanidad y ordenó que esculpieran una estatua de la primera bestia que había estado herida y revivió.

[15] Luego se le permitió transmitir vida a la estatua y hacerla hablar. Entonces la estatua ordenó que mataran a cualquiera que se negara a adorarla, [16] y que pusieran una marca en la mano derecha o en la frente de los habitantes de la tierra, ya fueran grandes o pequeños, ricos, o pobres, libres o esclavos.

[17] Nadie podía comprar ni vender si no tenía aquella marca, que consistía en el nombre de la bestia o en el número de su nombre. [18] Aquí se debe usar la sabiduría: Dicho número, que es el de un ser humano, es seiscientos sesenta y seis».

Abre los ojos

1. ¿Qué similitudes hay entre la primera bestia y el dragón?

2. Haz una lista de lo que aprendas en este capítulo acerca de la primera bestia.

3. ¿Cómo es que la segunda bestia implementa el plan blasfemo de la primera bestia (versos 11 al 18)?

Abre la mente

Apocalipsis no nos ofrece un bosquejo acerca del desarrollo de los eventos futuros. Por el contrario, las palabras de esta profecía buscan revelarnos a Jesucristo, sus caminos y propósitos para el futuro, de tal manera que nuestra actitud sea moldeada para que cada uno de nosotros tome parte activa dentro de los planes de misericordia y redención de Dios para toda su creación.

Uno de los temas principales de esta carta es *la victoria de los creyentes*. Aunque en los primeros capítulos no se presenta la naturaleza del conflicto, ni se descubre a nuestro adversario, la victoria ha sido prometida. En los capítulos 12 y 13 se presenta una parodia del Padre, del Hijo y del Espíritu Santo en el dragón, la bestia que sube del mar y la bestia que sube de la tierra. En esta sección, Juan nos describe la naturaleza de esta batalla entre el dragón y los discípulos de Jesucristo. Aquí vemos que la rebelión de Satanás se extiende a toda la humanidad.

Mucho se ha escrito acerca de los personajes en este capítulo, te recomiendo que observes y tomes notas para sacar tu propia conclusión. Recuerda, a una mayor observación corresponde una mejor interpretación.

1. La bestia es poderosa (v. 1-2)

Durante nuestra observación notamos la gran similitud entre el aspecto de la bestia y del dragón descrito en el capítulo anterior, ambos con pretensiones de autoridad expresadas tanto en sus diez cuernos como en sus coronas. Esta bestia es la recapitulación de las cuatro bestias descritas en el capítulo 7 del libro de Daniel. Representa los reinos enemigos históricos de Israel. Juan lleva esta misma verdad a un nivel más profundo de entendimiento. Más allá de identificar personajes, busca poner al descubierto los caminos y los propósitos del adversario. El dragón (la serpiente antigua, el diablo o Satanás) es quien le ha dado poder (limitado) a la bestia, un trono y la gran autoridad

137

que poseía. El poder de la bestia es el poder mismo del dragón, el cual es el máximo perseguidor del pueblo de Dios y del Mesías. Aunque esta persecución es ejecutada por seres humanos, quienes piensan que están llevando a cabo la voluntad de Dios (Apocalipsis 2:9; 3:9).

2. La bestia está herida, es adorada y triunfante (v. 3-10)

Esta bestia que sube del mar es la encarnación del poder satánico que persigue, engaña y busca adoración. En el capítulo anterior vimos con claridad la derrota que sufrió el dragón. Aquí vimos a la bestia herida, pero ¿qué la mantiene viva? La adoración que los habitantes del mundo le dan.

Este personaje, en su esencia y origen, lleva un nombre blasfemo. La bestia habla grandes cosas contra el nombre (el carácter, la identidad, la verdad) de Dios, contra el tabernáculo y contra los que moran en el cielo. La bestia niega la deidad de Cristo, la autoridad de su palabra, la identidad de su iglesia y su contundente victoria en la cruz. Por un tiempo divinamente limitado, la bestia hará guerra contra los santos «venciéndolos», pero esta derrota es su victoria (Apocalipsis 12:11). Por su lado, el Cordero no fue muerto a causa del adversario, sino para mostrarnos su naturaleza, amor, perdón y misericordia. Él merece la adoración por quién es.

Pregúntate: ¿estás pagando algún precio por defender tu fe?

La mayoría de las traducciones bíblicas basadas en manuscritos más antiguos (como la NBV, BTX, LBLA) traducen el verso 10 de la siguiente manera: «El que deba ir preso, caerá preso; el que deba morir a espada, morirá a filo de espada. Aquí se verá la paciencia y la fidelidad del pueblo santo» (Apocalipsis 13:10). Si bien muchos eruditos concuerdan en que Apocalipsis no hace diferencia entre mártires y discípulos, en este pasaje vemos que todos contenderán por su fe. Pregúntate: ¿estás pagando algún precio por defender tu fe?

3. La bestia es impostora, farsante y tramposa (v. 11-18)

Si la primera bestia es quien crea el plan, la segunda bestia es quien lo ejecuta. La manera en la que esta otra bestia ejecuta los planes de la primera bestia es «como un cordero», aparentando piedad, pero cuando abre la boca lo único que se escucha son las mismas palabras del dragón: «La Biblia es un libro pasado de moda», «Todos los caminos llevan a Roma», «Jesús fue un hombre admirable, nada más» …

La blasfemia de la primera bestia y las acciones de la segunda han sido personificadas en diferentes épocas, en diferentes lugares y de diferentes maneras. Su blasfemia busca moldear la mente y acciones de toda la humanidad, siendo este plan representado por el sello en la mano (acciones) y en la frente (manera de pensar). Este gran engaño es la fuente de su propia gran destrucción.

Como nota adicional, vale la pena mencionar que «el número de la bestia» (seiscientos sesenta y seis) es el símbolo y el número que más ha generado superstición. Pero en el contexto de Apocalipsis, este podría ser considerado una parodia de la perfección, el número setecientos setenta y siete. El poseedor de esta «marca» pretende ser divino, siendo la personificación de la imperfección. La mayoría de los eruditos en la actualidad coinciden en que este número es una referencia al emperador Nerón, un emperador despiadado que buscaba ser adorado como un dios. Aunque no debemos buscar identificar al famoso anticristo supuestamente profetizado, sí debemos identificar y alejarnos de esa clase de poder político que busca nuestra completa lealtad e incuestionable fidelidad. No asociarnos con ese poder engañoso, contrario al evangelio de Jesucristo, puede ser muy costoso, ya que por nuestra lealtad a Cristo le seríamos desobedientes, haciéndonos susceptibles a padecer toda clase de persecuciones.

Abre el corazón

1. ¿Qué tan congruente eres entre tu manera de pensar y tu manera de actuar?

2. ¿Qué imagen te representa mejor a la hora de tomar decisiones: la imagen de la bestia (orgullosa, autosuficiente, ensimismada), o la imagen del Cordero (obediente, humilde, sacrificado)?

3. Si los seres humanos en el libro de Apocalipsis portan o el sello de nuestro Dios (su palabra en nuestras mentes y acciones) o la marca de la bestia, ¿cuál dirías que es la que portas tú? ¿Por qué?

Una gran cosecha

Apocalipsis 14

¹ Vi entonces un Cordero de pie sobre el monte Sion, acompañado de ciento cuarenta y cuatro mil personas que tenían el nombre de él y el de su Padre escrito en la frente. ² Y oí en el cielo algo semejante al estrépito de una catarata inmensa o el retumbar de un gran trueno; era como el canto de un coro acompañado con arpas. ³ Y cantaban un cántico nuevo frente al trono de Dios y delante de los cuatro seres vivientes y los veinticuatro ancianos. Los únicos que podían cantar aquel canto eran aquellos ciento cuarenta y cuatro mil redimidos de entre los de la tierra. ⁴ Lo podían cantar porque se mantuvieron puros como vírgenes y porque seguían al Cordero adondequiera que iba. Aquellos fueron comprados de entre la humanidad como los primeros frutos para Dios y para el Cordero. ⁵ En ellos no existe la mentira, porque son intachables. ⁶ Y vi que otro ángel cruzaba los cielos con las eternas buenas nuevas, e iba proclamándolas a cada nación, raza, lengua y pueblo. ⁷ «¡Teman a Dios —decía a gran voz—, y alaben su grandeza, porque el tiempo ha llegado en que se sentará a juzgar! ¡Adórenlo, porque él creó el cielo y la tierra, el mar y las fuentes que lo nutren!». ⁸ Y otro ángel que lo seguía gritaba: «¡Cayó Babilonia! ¡Cayó la gran ciudad que sedujo a las naciones a participar del vino de su adulterio!». ⁹ Inmediatamente, un tercer ángel lo siguió gritando: «¡Cualquiera que adore a la bestia y a su estatua, y se deje marcar en la frente o en la mano, ¹⁰ tendrá que beber del vino del furor de Dios que se ha echado puro en la copa de la ira divina!; y se le atormentará con fuego y azufre ardiendo en presencia de los santos ángeles y el Cordero. ¹¹ El humo de su tormento se elevará eternamente, y el que adore a la bestia y a su estatua o se deje marcar con su nombre no tendrá alivio ni de día ni de noche». ¹² Aquí se verá la paciencia del pueblo santo que obedece los mandamientos de Dios y es fiel a Jesús. ¹³ Oí entonces una voz que me decía

desde el cielo: «Escribe esto: ¡Dichosos los que de ahora en adelante mueren unidos al Señor —dice el Espíritu—, porque cesarán para ellos las penas y las tareas, y Dios los premiará por sus acciones!». [14] Entonces vi una nube blanca y, sentado en ella, a alguien muy parecido al Hijo del hombre, con una corona de oro en la frente y una hoz bien afilada en la mano. [15] Del templo salió otro ángel y le gritó: «¡Mete la hoz y recoge la cosecha! ¡Los sembrados del mundo están listos para ser cosechados!». [16] Entonces el que estaba sentado en la nube pasó la hoz sobre la tierra y recogió la cosecha. [17] Luego salió otro ángel del templo que está en el cielo; portaba también una hoz bien afilada. [18] Inmediatamente del altar salió otro ángel que tenía poder para destruir el mundo con fuego, y le gritó al ángel que tenía la hoz: «¡Corta los racimos de los viñedos del mundo, porque ya las uvas están completamente maduras!». [19] El ángel arrojó la hoz sobre la tierra y echó las uvas en el gran lagar de la ira de Dios. [20] Y exprimieron las uvas en un lugar que está fuera de la ciudad, y de ese lugar brotó un río de sangre de trescientos kilómetros de extensión, en el que un caballo podía sumergirse hasta las bridas.

Abre los ojos

1. Haz una lista de lo que aprendas acerca de los «redimidos de entre los de la tierra» en los versos 1 al 5.

2. ¿Qué aspectos interesantes rodean a la proclamación de las «eternas buenas nuevas?»

3. ¿Qué relación puedes encontrar entre Mateo 3:12, Mateo 13:30 y los versos 14 al 20 de este capítulo?

Abre la mente

Los primeros frutos (v. 1-5)

La fortaleza de los Jebuseos que fue tomada por el rey David se llamaba Sion; esta se convirtió en la ciudad de David. Conforme la narrativa bíblica va progresando, Sion adquiere un significado espiritual, convirtiéndose en el lugar desde donde el Mesías reinaría (Salmos 2:6). Desde el principio del Apocalipsis, vemos a Jesús reinando.

Ya conocíamos a estos ciento cuarenta y cuatro mil, quienes representan la descendencia de Abraham (las doce tribus de Israel) y a su vez a una gran multitud (Apocalipsis 7:9). Esta es la multitud que el Señor prometió a Abraham, incontable como las estrellas del cielo y la arena del mar (Génesis 22:17). Su manera de pensar dicta su manera de vivir, ya que manifiesta el carácter del Cordero y del Padre por las verdades eternas con las que habían sido marcados (Colosenses 3:16). Estos son los primeros frutos de los «redimidos de entre la tierra». Ellos son los discípulos leales a Jesús cuyo corazón, adoración, acciones y motivos le pertenecen a él. Ellos son fieles a su Señor, por lo que se presentan como vírgenes, no contaminados, puros para adorarlo. Su cántico es nuevo.

Seguir al Cordero a dondequiera que vaya es algo que caracteriza a los discípulos de Jesús, ya que nosotros seguimos a una persona, no a un sistema de pensamiento o de creencias. Estos primeros frutos no llevan la marca de la bestia, que es engaño; la calidad de estas primicias para Dios es atribuida al Cordero (Apocalipsis 7:14b-15).

Arduo trabajo (v. 6-13)

Es importante recordar que, tanto en este capítulo, como en el resto del Apocalipsis, el juicio de Dios no es un fin en sí mismo, sino una especie de plan B, una consecuencia de la incredulidad, dureza y maldad de los moradores de la tierra. Con esto concuerdan textos en el N.T. como 1 Timoteo 2:3-4: *«Esto es bueno y agrada a Dios, nuestro Salvador, porque él anhela que todos se salven y conozcan la verdad».* Así como Juan 3:19: *«En esto consiste la condenación: en que la luz vino al mundo y la gente prefirió las tinieblas a la luz, pues las cosas que hacía eran malas».* El tormento y el sufrimiento eterno de quienes adoran a la bestia y a su imagen es completamente autoinfligido por aquellos que no recibieron el verdadero amor, sino que *«recibieron en sus propios cuerpos el pago que bien se merecían»* (Romanos 1:27b).

La repetición en la Biblia no solo es un estilo literario de sus poemas sino también un énfasis temático del que tenemos que estar pendientes. Aquí, la perseverancia de los discípulos es algo que el Espíritu quiere recordarnos: si por tu lealtad a Jesús y a su mensaje debes ser llevado cautivo, serás llevado cautivo; si por tu lealtad a Jesús y a su mensaje debes ser muerto, serás muerto. Es en medio de este énfasis que los destellos de gracia y verdad son algo para tener siempre presente: *«¡Dichosos los que de ahora en adelante mueren unidos al Señor —dice el Espíritu—, porque cesarán para ellos las penas y las tareas, y Dios los premiará por sus acciones!»* (v. 13).

Todo el trabajo que hayas hecho para el Señor nunca será en vano, ya que siempre tendrá repercusiones eternas; absolutamente todas tus obras van contigo y por ellas serás también recompensado de la mano misma del Señor (Mateo 25:31-40).

Fruto maduro (v. 14-20)

Esta gran cosecha une los capítulos anteriores, donde se les ve a los discípulos pagando un alto precio por expresar su lealtad al Cordero. Esta maravillosa escena de redención comienza enfatizando la identidad del Hijo del hombre (Daniel 7:13), rodeado de gloria sobre una nube. Similar a la nube que guio a Israel en el desierto, la que llenó el templo, la que se posó sobre Jesús en el monte de la transfiguración y, finalmente, la que lo ocultó de los ojos de los discípulos cuando ascendió a la diestra del Padre. El trae la corona real que solo tiene en el Señor o sus redimidos.

Este Jesús viene a segar ya que «¡Los sembrados del mundo están listos para ser cosechados!» (v. 15). La obra de Dios en la vida del ser humano lo lleva poco a poco hacia la madurez cristiana, a exhibir los rasgos de carácter del Salvador. Mientras el conocimiento aislado es motivo de vanidad en el religioso, el discípulo hace de su fe un estilo de vida. Esta iglesia que recibirá al Señor será una iglesia gloriosa y madura (Efesios 4:13).

> **Mientras el conocimiento aislado es motivo de vanidad en el religioso, el discípulo hace de su fe un estilo de vida.**

Estos versos finales deben entenderse en el contexto de la narrativa completa del libro. Piensa, ¿de quién puede ser la sangre mencionada en el verso 20? Esta sangre fue derramada «fuera de la ciudad». Si Dios fuera a juzgar a una ciudad, la sangre sería derramada dentro de ella. Aquí se nos presenta la idea de un sacrificio de expiación por el pecado que es llevado a cabo fuera de la ciudad. Hebreos 13:12 dice: «*Así también Jesús sufrió fuera de la puerta de la ciudad, para que por medio de su sangre el pueblo fuera santo*». ¿Podría ser esta la sangre de Jesús que «habla con más fuerza que la sangre de Abel» (Hebreos 12:24) o la sangre de los mártires?

Ten en cuenta lo siguiente:

1. Tu postura al respecto podría cambiar en la medida en que te familiarices más con el texto bíblico; no te conviertas en alguien dogmático, encerrándote en una postura extremista.

2. Nuestras convicciones bíblicas tienen el potencial de determinar nuestra conducta y moldear nuestro carácter; considera esto antes de abrazar un sistema de pensamiento teológico determinado.

3. Tienes el derecho (y la responsabilidad) de obtener tus propias conclusiones a medida que estudias la Biblia; el derecho de otras personas termina en donde comienza el tuyo.

Abre el corazón

1. ¿Qué ha significado para ti, hasta el día de hoy, «seguir» a Jesucristo? ¿Crees que él esperará una respuesta diferente de ti a su invitación?

2. De tus obras hechas para Jesucristo, ¿cuál te entusiasma más que «vaya contigo» más allá de la muerte?

3. ¿Te consideras un «fruto maduro», listo para ser cosechado? ¿Qué proceso, experiencia, hábito o acción crees que te hace falta tener a fin de llegar a esa madurez?

El mundo conocerá

Apocalipsis 15

¹ Y vi aparecer en el cielo una señal grande y maravillosa: siete ángeles a los que se les encomendó la tarea de llevar a la tierra las siete plagas finales, con las cuales la ira de Dios quedaría satisfecha.

² Vi también algo semejante a un océano de fuego y vidrio, sobre el que estaban de pie los que habían salido victoriosos de su lucha con la bestia, su estatua y el número que representa su nombre. En las manos traían las arpas de Dios, ³ y cantaban el cántico de Moisés, el siervo de Dios, y el cántico del Cordero:

«Formidables y maravillosas son tus obras, Señor, Dios Todopoderoso.

Justos y verdaderos son tus caminos, Rey de las naciones.

⁴ ¿Quién no te temerá, oh Señor? ¿Quién no glorificará tu nombre?

Porque sólo Tú eres santo.

Las naciones vendrán y te adorarán, porque tus obras de justicia ya se han manifestado».

⁵ Entonces miré y vi que el templo, el tabernáculo del testimonio, que está en el cielo, quedó abierto de par en par. ⁶ Los siete ángeles que tenían la tarea de esparcir las siete plagas salieron del templo vestidos de lino blanco resplandeciente y con el pecho ceñido con cintos de oro.

⁷ Uno de los cuatro seres vivientes entregó a cada uno de los siete ángeles una copa de oro llena del furor del Dios que vive por los siglos de los siglos. ⁸ Entonces, el templo se llenó del humo de la gloria y del poder de Dios; y nadie podía entrar allí mientras los siete ángeles no hubieran terminado de derramar las siete plagas.

Abre los ojos

1. Lee detenidamente los primeros cuatro versos y registra qué es lo que más te llama la atención de esta «gran señal» que nos relata Juan.

2. Haz una lista de todo lo que puedas aprender acerca de Dios en estos cuatro primeros versos.

3. ¿Qué cosas te llaman la atención acerca del cielo en esta nueva escena que está en los versos 5 al 8? Pon atención al ir registrando tus observaciones.

Abre la mente

Durante mucho tiempo, no solo yo sino muchos pastores cristianos, nos hemos preguntado: «¿Qué es lo que más puede atraer la atención, en una persona no religiosa, de la iglesia cristiana?». Muchos han respondido cosas como:

a. Temas de interés.

b. La personalidad arrolladora y el talento para comunicar de su líder.

c. Programas útiles y divertidos para toda la familia.

Este capítulo presenta a todas las naciones viniendo y adorando a nuestro Dios por sus juicios; sí, leíste bien, por sus juicios. Dios, el juez justo, pondrá fin a la maldad y juzgará al mundo con justicia (Salmos 98). ¿Puedes imaginar la alegría de un pueblo oprimido y esclavizado por la avaricia, la violencia y la maldad de sus captores y de sus gobernantes, que es hecho libre para gozar de la verdadera justicia que solo Dios puede traer?

El concepto bíblico de justicia es diferente a la venganza o la violencia. Esta justicia pone fin a la maldad, estableciendo reglas de igualdad, respeto y dignidad para que los seres humanos se relacionen entre sí, aprendiendo a relacionarse con Dios, temiéndolo y dándole gloria. Esta manifestación de los juicios de Dios de la que habla este capítulo

> **La manifestación de los juicios de Dios traerá una poderosa revelación al mundo acerca de quién es él.**

traerá una poderosa revelación al mundo acerca de quién es él.

Su carácter (v. 1)

A través del A.T., la santidad de Dios es presentada como un fuego que consume todo lo que es impuro. Cuando los hijos del sacerdote Aarón ofrecieron «fuego extraño» en el altar de Dios, la santidad de Dios en forma de fuego los consumió (Levítico 10:1-2). Isaías se refiere al Señor como «la luz de Israel» que se convierte literalmente en fuego que consume toda impureza (Isaías 10:17; 33:14-15).

La santidad de Dios es una bendición para aquellos que caminan en su luz, pero es tremendamente peligrosa y calcinante para aquellos que, endurecidos en sus corazones, no se arrepienten para recibir la abundancia de la gracia y el don de la justicia (Romanos 5:17).

Su poder (v. 2)

Juan usa la imagen del océano para representar el mundo de la rebelión humana. Este océano ha sido agravado por la ira de

Dios, que según Hebreos 12:29, es fuego consumidor. Sobre este océano están de pie los que «habían salido victoriosos». En sus mensajes a las iglesias de Asia, Jesús pronuncia una serie de promesas para aquellos que vencerán. Podríamos entender este pasaje como «los que están venciendo» y así situarlo en el presente. Esta escena me hace pensar en la doxología o alabanza al final de la carta de Judas, que es una promesa para nosotros: «*Y ahora, que la gloria, la majestad, el imperio y la potencia sean eternamente del único Dios, Salvador nuestro por medio de Jesucristo, quien tiene poder para conservarlos sin caída y, con gran alegría, presentarlos sin tacha ante su gloriosa presencia. Amén*» (Judas 24-25).

Su Hijo (el Cordero) (v. 3-4)

El éxodo es un evento de salvación clave en la historia de Israel. Los cuatro componentes principales del éxodo son:

a. La liberación del pueblo de la esclavitud y la opresión.

b. La destrucción de sus opresores.

c. La adopción del pueblo por parte de Dios a través del pacto establecido con Moisés.

d. La independencia de la monarquía de Egipto y el tránsito hacia la teocracia en su propia tierra.

Estos elementos han estado presentes en la mente y en el corazón del pueblo de Dios de cara hacia su futuro. Ahora ese tiempo ha llegado. En esta escena podemos ver al pueblo de Dios (proveniente de todas las naciones) sobre el océano de maldad, rebelión y opresión del que fueron liberados, cantando el cántico del Cordero, tal y como el pueblo de Israel cantó al otro lado del mar cuando sus enemigos fueron sepultados en el fondo del mar (Éxodo 15:1-2).

¿Quién más que el Cordero de Dios, Cristo Jesús, podría recibir la gloria y la honra por la gran obra de redención que él ha hecho en nuestras vidas? El propósito de tan grande salvación no es nuestro propio bienestar; ni siquiera se trata de reconstruir la dignidad humana o de crear un cielo y una tierra nuevos donde more la justicia. El propósito supremo de la salvación es simplemente que Dios y el Cordero (que son y siempre han sido uno) reciban toda la gloria, la honra y la alabanza.

Su palabra (v. 5-8)

Esta es la segunda mención que Juan hace del «tabernáculo del testimonio» o del «cofre de su pacto» (Apocalipsis 11:19). El lugar donde Dios se habría de manifestar al sacerdote en el lugar santísimo era el cofre que lleva el testimonio, el testimonio escrito de la palabra de Dios (Éxodo 25:21). Según esta imagen, es la palabra de Dios la que al cumplirse y ser honrada, traerá finalmente las plagas de las siete copas que los siete ángeles están por derramar.

Es interesante observar en este pasaje la vestimenta de estos ángeles, quienes están vestidos de ropas sacerdotales: lino blanco y oro; en Éxodo 28:8 se nos habla del cinto. Dios hace a la iglesia un «reino de sacerdotes para Dios»; en otras palabras, existe una relación muy cercana entre la apariencia de estos ángeles y la iglesia. Piensa un momento: ¿será que todo lo que tiene contacto con la palabra de Dios resplandece? ¿Será que estos ángeles reflejan la limpieza que la palabra de Dios efectúa todos los días en el corazón de los creyentes? ¿Estás experimentado esa limpieza y transformación al dedicar todos los días tiempo para leer y meditar en el testimonio de Dios?

Los últimos dos versos del capítulo nuevamente nos hablan de la relación que existe entre la ira de Dios y su santidad, aunque de eso nos ocuparemos con detalle en la próxima conversación. Mientras tanto, tomémonos unos minutos para reflexionar sobre la revelación del Cordero de Dios que toma nuevamente «el centro del escenario», para que en la fe de Cristo podamos ver la gloria misma de Dios (su justicia, misericordia, santidad, poder y gran amor).

Abre el corazón

1. ¿De qué manera la pureza y la santidad de Dios podrían estar afectando tu manera de pensar y de vivir?

2. ¿Ha hecho Dios recientemente alguna obra maravillosa en ti que te esté llevando a adorarlo y darle gloria?

3. Escoge a alguien de entre tus familiares, amigos o conocidos y, por medio de una carta, dile de qué manera es notoria la pureza de la palabra de Dios en él.

Las copas de ira

Apocalipsis 16

[1] Escuché entonces una potente voz que desde el templo gritaba a los siete ángeles:

«Váyanse a derramar sobre la tierra las siete copas del furor de Dios».

[2] El primer ángel derramó su copa sobre la tierra, y una llaga maligna y asquerosa brotó en las personas que tenían la marca de la bestia y adoraban su estatua. [3] El segundo ángel derramó su frasco sobre el mar, y este adquirió aspecto de sangre de muerto; y no quedó ni un solo ser con vida en el mar. [4] El tercer ángel derramó su frasco sobre los ríos y las fuentes, y se convirtieron en sangre. [5] Y escuché que aquel ángel de las aguas decía: «Justo eres al enviar estos juicios, santo Señor, que eres y que eras, [6] porque tus santos y tus profetas han sido martirizados y su sangre se derramó sobre la tierra. Ahora tú les has dado a beber sangre, pues se lo merecen». [7] Y oí que el ángel del altar decía: «Sí, Señor, Dios Todopoderoso, tus castigos son justos y verdaderos».

[8] El cuarto ángel derramó su copa sobre el sol, y los rayos solares quemaron a la gente. [9] Y todos sufrieron de las terribles quemaduras, pero ni así se arrepintieron. La humanidad blasfemó contra el nombre de Dios, porque les había enviado las plagas, y no quisieron darle la gloria. [10] Entonces el quinto ángel derramó su copa sobre el trono de la bestia, y su reino quedó envuelto en tinieblas mientras sus súbditos se mordían la lengua por el dolor, [11] y blasfemaban contra el Dios del cielo por el dolor y las llagas. Pero no se arrepintieron de sus perversidades.

[12] El sexto ángel derramó su copa sobre el gran río Éufrates, y se secó de tal manera que los reyes del oriente podían pasar por él. [13] Vi que el dragón, la bestia y el falso profeta dejaban escapar de la boca tres espíritus del mal con forma de ranas. [14] Aquellos son espíritus de demonios que hacen señales

milagrosas y que salen a reunir a los gobernantes del mundo para agruparlos en la batalla del gran día del Dios Todopoderoso. [15] «Fíjate bien: Yo vengo como un ladrón. Dichoso el que me espera despierto, el que tiene su ropa lista para no tener que andar desnudo y avergonzado».

[16] Los espíritus del mal reunieron a los reyes en un lugar que en hebreo se llama Armagedón. [17] Entonces el séptimo ángel derramó su copa en el aire y un grito brotó del trono del templo que está en el cielo: «¡Ya está terminado!».

[18] Hubo entonces estruendos, truenos y relámpagos, mientras la tierra se sacudía con un terremoto de una magnitud sin precedente en la historia. [19] La gran ciudad de Babilonia quedó dividida en tres partes, y las ciudades de todo el mundo se desplomaron.

¡Los pecados de la gran Babilonia se agolparon en la memoria de Dios y la ciudad tuvo que sorber como castigo el vino del ardor de su ira! [20] Las islas desaparecieron y las montañas se desmoronaron, [21] y se desató del cielo una granizada tan grande que cada uno de los granizos que caía sobre la humanidad pesaba alrededor de cuarenta kilos. Y la humanidad maldijo a Dios por esa terrible plaga.

Abre los ojos

1. Lee las primeras cuatro copas (versos 1 al 9) y observa dos cosas: ¿dónde se derramaron estas cuatro copas y cuál fue el alcance de estas?

2. Observa y registra las principales similitudes y diferencias entre las primeras cuatro trompetas (Apocalipsis 8:7-12) y estas primeras cuatro copas.

3. ¿Qué es lo que más te llama la atención de la séptima copa?

Abre la mente

A muchos de nosotros nos es difícil comprender el concepto bíblico de «la ira de Dios». Creo que por esta razón, consciente o inconscientemente, hemos creado en nuestras mentes un

Dios carente de ira. Eso nos ha llevado también a crear (en nuestras mentes) a un ser humano carente de pecado; un reino sin juicio, sin absolutos, sin sentencias y, lo más trágico de todo, un Cristo sin cruz.

Este capítulo nos presenta siete diferentes imágenes, expresadas en copas o frascos derramados, que contienen las plagas con las que se consuma la ira de Dios sobre un mundo de maldad, cuya incredulidad y blasfemia los ha hecho incapaces de recibir y experimentar el amor de Dios en la persona de Jesucristo, dejándolos a merced de la manifestación de la ira de Dios.

La primera copa (v. 1-2)

Los escenarios afectados por las primeras cuatro trompetas del capítulo 8 y por las primeras cuatro copas de este capítulo, son los mismos: tierra, mar, ríos y sol. Esta es una intensificación de las calamidades sobre aquellos que tenían la marca de la bestia y que adoraban su imagen. Los que se negaron a las advertencias de las trompetas, perecerán bajo el juicio de las copas de la ira de Dios. Esta plaga distingue solo a aquellos que llevan la marca de la bestia. Estas copas son vertidas solo sobre aquellos cuya manera de pensar y de actuar manifiesta su rechazo absoluto a la verdad del evangelio de Jesucristo. Al haber creído la mentira, rechazando la gracia y la verdad proclamada por Jesús, han traído para sí enfermedad y una pestilencia inimaginable.

Es importante tener presente durante todo este capítulo que el propósito de estas plagas es, como en el Éxodo, destruir al opresor, a fin de liberar al oprimido.

El segundo y tercer frasco (v. 3-7)

¿Te diste cuenta de que con las trompetas del capítulo 8 solo murió una tercera parte, y que con las copas y frascos de este capítulo muere el resto? Mientras las trompetas invitan a los moradores de la tierra a arrepentirse y a darle gloria a Jesucristo, los frascos son una sentencia definitiva de muerte sobre aquellos que con su incredulidad *«recibieron en sus propios cuerpos el pago que bien se merecían»* (Romanos 1:27).

En la tercera plaga podemos escuchar el eco de la plaga de sangre que azotó a Egipto, cuando Dios con sus plagas destruyó al opresor para liberar al oprimido. Es sorprendente el hecho que aquellos que derramaron la sangre de los santos, si no se arrepienten, beberán sangre (Gálatas 6:7). Es terrible pensar que mucha gente está muriendo sin arreglar cuentas con Dios. ¿Cuántos de ellos deberán «beber sangre»? Pon atención a la relación que existe entre la santidad de Dios y su justicia en la siguiente copa.

La cuarta copa y quinta (v. 8-11)

En la conversación anterior leímos algunos pasajes que presentan la santidad de Dios como un fuego que consume toda impureza; aquí vemos que la ira de Dios no es una venganza violenta sino un fuego que consume toda impureza. En el verso 9, la blasfemia con la que han sido marcados tanto en sus frentes como en sus manos por el deseo de ser iguales a Dios, sentándose en su trono y negando tanto la obra como la deidad de Jesús, los ha incapacitado para recibir su amor, dejándolos expuestos al fuego consumidor de la santidad de Dios.

> El regreso de Jesús tiene que ver con un tema de «preparación», no de «predicción».

Recuerda que las copas de la ira de Dios no traen consigo el fin del mundo, sino el fin de la maldad. Estas caen solo sobre el reino de la mentira, la rebeldía, destrucción y maldad. Es significativo que el reino de las tinieblas sea herido con más y más densas tinieblas, pero no pensemos que el mal está fuera de control, ya que este opera bajo la soberanía de Dios. El mal terminará; por su propia naturaleza es autodestructivo.

La famosa sexta copa (v. 12-16)

La palabra «Armagedón» aparece una sola vez en la Biblia y es la conjunción de dos palabras hebreas: «*Har*» + «*Magedon*». La montaña de Meguido es un lugar simbólico porque en el valle de Jezreel, o valle de Meguido, en Israel, no existen montañas. Será importante observar los detalles de esta gran batalla, cuyo desenlace lo veremos en capítulos posteriores.

El regreso de Jesús tiene que ver con un tema de «preparación», no de «predicción» de fechas, lugares y personajes (Mateo 24:36

La importancia de «tener tu ropa lista» era porque en la guerra los cautivos eran llevados desnudos por el ejército conquistador. Esto es significativo para los discípulos, ya que, si la bestia logra marcar tu mente con sus mentiras y blasfemias, estarás cautivo y totalmente sometido a ella.

La séptima copa (v. 17-19)

El segundo evento histórico aludido aquí es esta especie de guerra civil que dividió a Roma en tres diferentes fracciones en el año 68 d.C. a raíz de la muerte del emperador Nerón. Con este evento muy presente en la mente de sus lectores Juan está diciendo que todas las estructuras de la civilización anticristiana, por poderosas que estas sean, están destinadas a derrumbarse; todo lo que el hombre ha construido en base a sus creencias humanistas, temporales, materialistas y opresoras se derribará el día que Dios los llame a rendir cuentas.

Lo más sorprendente es la reacción de blasfemia de los hombres ante tal desolación (v. 21). La manera de pensar y vivir lleva a los hombres a ser destruidos por la mentira con la que fueron marcados. Esta mentira los hace incapaces de recibir la gracia y el amor del Cordero que dio su vida por todos. En este capítulo vemos la enorme paciencia de Dios, que nos ha permitido escuchar, recibir y recordar su mensaje.

Abre el corazón

1. ¿Cómo describirías tu experiencia de arrepentimiento para con Dios: un trago amargo, una carga menos sobre tus hombros, la posibilidad de poder restituir los daños que causaste a otros en el pasado, otro?

2. ¿De qué cosas estabas cautivo cuando Cristo te hizo libre?

3. ¿Qué significa para ti «tener tu ropa lista» para la venida de Jesucristo?

Sentencia contra Babilonia

Apocalipsis 17

¹ Uno de los siete ángeles que habían vertido las plagas vino a donde yo estaba y me dijo: «Ven para que veas lo que le pasará a la gran prostituta que se sienta sobre las muchas aguas. ² Los reyes tuvieron con ella relaciones sexuales ilícitas, y los habitantes del mundo se embriagaron con el vino de su inmoralidad».

³ En el Espíritu, el ángel me condujo al desierto. Allí estaba una mujer sentada sobre una bestia escarlata que tenía siete cabezas y diez cuernos, y el cuerpo recubierto de blasfemias contra Dios. ⁴ La mujer, vestida de púrpura y escarlata, estaba adornada de hermosísimas joyas de oro, piedras preciosas y perlas, y sostenía en la mano una copa de oro repleta de obscenidades y de las impurezas de su prostitución. ⁵ En la frente llevaba escrito su misterioso nombre: BABILONIA LA GRANDE, MADRE DE LAS PROSTITUTAS Y MADRE DE LAS MÁS ODIOSAS IDOLATRÍAS DEL MUNDO.

⁶ No tardé en comprender que estaba ebria con la sangre de los santos mártires de Jesús. La miré horrorizado. ⁷ «¿Por qué te horrorizas? —me preguntó el ángel—. Te voy a decir quién es ella y quién es esa bestia sobre la que está sentada. ⁸ Esa bestia antes vivía, pero ahora no. Sin embargo, pronto surgirá del abismo y marchará hacia su destrucción. Los moradores de la tierra que no tienen su nombre escrito en el libro de la vida desde la creación del mundo, se pasmarán de asombro al verla aparecer después de muerta.

⁹ «Y ahora oye y entiende bien lo que te voy a decir: Sus siete cabezas representan las siete colinas sobre las que está asentada la ciudad en que reside

esta mujer. [10] Representan también siete reyes. Cinco de ellos ya cayeron, el sexto está gobernando ahora y el séptimo aún no ha surgido pero reinará poco tiempo. [11] La bestia que era y murió es el octavo rey, aunque es uno de los siete que habían reinado antes e irá también a la destrucción.

[12] «Los diez cuernos son diez reyes que todavía no han subido al poder. Durante una hora se les permitirá reinar junto a la bestia. [13] Luego, su propósito es entregar al monstruo el poder y la autoridad que poseen. [14] Y se unirán para pelear contra el Cordero, pero el Cordero los vencerá porque es Señor de señores y Rey de reyes, y los que lo siguen son sus llamados, sus elegidos y sus fieles».

[15] Además, me dijo el ángel: «Las aguas sobre las que la prostituta está sentada representan pueblos, muchedumbres, naciones y lenguas. [16] La bestia y sus diez cuernos atacarán a la mujer impulsados por el odio que sienten hacia ella, y la dejarán desnuda y desolada, y la devorarán por fuego. [17] Entonces Dios les hará concebir un plan con el que se cumplirán los propósitos divinos: por acuerdo mutuo entregarán a la bestia la autoridad que poseen para gobernar, hasta que se cumplan las palabras de Dios. [18] Y la mujer que has visto representa a la gran ciudad que gobierna a los reyes de la tierra».

Abre los ojos

1. Después de leer los primeros cinco versos, ¿quién dirías que es la figura principal de esta escena y qué aspectos la caracterizan?

2. Según los versos 6 al 14, ¿cuáles son tanto la esencia como el propósito de la existencia de esta prostituta?

3. A la luz de este capítulo ¿de qué manera piensas que esta prostituta pudiera estar seduciendo, engañando y «ebria de la sangre de los santos» actualmente?

Abre la mente

El capítulo anterior termina con la mención de la séptima copa (Apocalipsis 16:17-19); esta séptima copa se extiende durante los capítulos 17 y 18. Su historia ya fue anticipada por Juan en Apocalipsis 14:8: «*Y otro ángel que lo seguía gritaba: '¡Cayó Babilonia! ¡Cayó la gran ciudad que sedujo a las naciones a participar del vino de su adulterio!'*» y se desarrollará en estos dos capítulos. Tenemos la promesa de que la maldad llegará a su fin.

> **Tenemos la promesa de que la maldad llegará a su fin.**

La narrativa bíblica comienza de la misma manera en la que termina: con el relato de una boda. La primera boda en Génesis 2:18-25 y la última boda en Apocalipsis 19:9. Dios ha escogido al matrimonio como la ilustración de su relación con su pueblo. Cristo se entregó a sí mismo para hacer a la iglesia gloriosa, sin manchas ni arrugas ni nada semejante, sino santa e intachable (Efesios 5:25-27). «La gran prostituta», por su lado, es una imagen grotesca que provoca repudio y a la vez una honesta reflexión. La gran prostituta es la representación de todos los ídolos con los que el ser humano, y en especial el pueblo de Israel, ha adulterado y fornicado contra su Creador.

Seductora (v. 3-5)

El Espíritu y el desierto son una combinación interesante en la Biblia. La expresión «en el Espíritu» nos habla de alguien que vive en completa comunión con Dios: lleno del Espíritu, viviendo por su poder (Efesios 5:18; Gálatas 5:16). El desierto es el lugar donde Israel conoció la salvación y el poder de su Dios. Es en el desierto donde se topan con una mujer. Su atavío es elocuente: es de color púrpura, el de los vestidos de la realeza. Su vestuario nos habla de que esta prostituta ostenta estatus y poder. Por otra parte, el color escarlata es del dragón (Apocalipsis 12:3). La mujer tiene una relación directa con el mundo de las tinieblas. Sus adornos hablan de la usurpación idolátrica de la deidad: una soberanía y un gobierno falsos. El atavío de la «gran prostituta» es un homenaje a la avaricia. El contraste de su atavío se encuentra dentro de la copa: obscenidades e impurezas de su prostitución.

Farsante (v. 6-8)

Esta mujer está dispuesta a acabar con todos aquellos que, adorando y sirviendo a Jesús, la desprecien. ¿Puede ser que ella esté detrás de ese rechazo de tus familiares y amigos al evangelio de Jesucristo? Ante esta imagen, no es difícil imaginar el horror de Juan. El ángel le dice a Juan que la bestia, sobre la que la mujer está, ha sido y será destruida, y que aquellos que no tienen su nombre en el libro de la vida se asombrarán de verla muerta. Entonces, lo que la mujer les promete es solo un espejismo, una mentira.

Vigente (v. 9-14)

El pasaje nos dice quién es la mujer, haciendo una referencia directa a Roma, la ciudad enclavada sobre siete montes, y a su imperio de alcance mundial en el tiempo en que la carta fue escrita. Esta gran prostituta ofrecía todo lo que el poder y las riquezas pueden dar a cambio de esclavitud, opresión e injusticia. La descripción de la mujer continúa, desalentándonos de tratar de ubicarla en un solo lugar, en una sola época, en un solo imperio: «... *Sus siete cabezas (...) representan también siete reyes. Cinco de ellos ya cayeron, el sexto está gobernando ahora y el séptimo aún no ha surgido pero reinará poco tiempo»* (v. 9-10).

En medio de todo este acertijo, queda claro que el agente favorito del diablo es la bestia (la cosmovisión humanista, blasfema y anticristiana con la que ha marcado a la humanidad). La bestia está detrás de esta prostituta, que ahora seduce, persigue, oprime y esclaviza con la tiranía, la autoridad y el poder de un imperio. No es difícil observar la vigencia de esta gran prostituta, y sus efectos tiránicos en algunos de los imperios que prevalecen hasta el día de hoy.

¿Dónde estamos los discípulos del Señor en medio de todo esto? La gran prostituta también busca seducir cristianos, pero no mata a aquellos que la desafían, perseverando en las enseñanzas de Jesucristo.

Desolada (v. 15 al 18)

Dondequiera que exista una persona vacía e insatisfecha, esta prostituta buscará seducirla con sus mentiras. Pero debemos recordar que esos diez reyes (los diez cuernos de la bestia) terminarán por aborrecerla y al final la matarán. Ella morirá devorada por el fuego. Este es el principio que hemos visto repetirse una y otra vez a lo largo del Apocalipsis: el mal se destruye a sí mismo.

Abre el corazón

1. ¿Has tenido alguna experiencia con Babilonia (la gran prostituta) alguna vez?

2. ¿De qué manera Babilonia ha afectado tu relación y servicio a Dios?

3. ¿Qué significa para ti ser llamado, ser elegido y ser fiel a Jesucristo a la luz de este capítulo?

Juicio contra Babilonia

Apocalipsis 18

[1] Después de esto vi que desde el cielo descendía otro ángel que, cubierto de gran autoridad, iluminó la tierra con su resplandor, [2] y con voz potente gritó: «¡Ya cayó, ya cayó la gran Babilonia! Babilonia se ha convertido en guarida de demonios, en antro de espíritus inmundos y en nido de toda ave impura y odiosa, [3] porque las naciones se han embriagado con el vino excitante de su adulterio, los gobernantes de la tierra se han entregado con ella a los placeres, y los comerciantes de la tierra se han enriquecido con la abundancia de lujos que ella despilfarraba».

[4] Entonces oí otra voz del cielo que decía: «Sal de esa ciudad, pueblo mío; no participes en su pecado para que no se te castigue con ella, [5] porque sus pecados se han ido amontonando hasta el cielo y Dios va a juzgarla por su perversidad. [6] Hazle a ella lo que ella te hizo a ti, e imponle doble castigo a sus maldades. En la copa en que preparó bebida para otros, prepárale una bebida dos veces más fuerte. [7] Ella ha vivido en derroches y en placeres sin límites; dale ahora dolores y penas sin límites. Ella se jacta diciendo: «En este trono soy reina. No soy ninguna viuda; nunca sufriré». [8] Por tanto, ¡en un solo día caerán sobre ella peste, llanto y hambre, y al final la consumirá el fuego! ¡Poderoso es el Señor Dios que la juzga!».

[9] Los gobernantes del mundo que tomaron parte en sus inmoralidades y se deleitaron con sus lujos, llorarán y lamentarán ante sus restos humeantes. [10] Desde la distancia, la contemplarán temblorosos de miedo al ver

semejante castigo, y gritarán: «¡Pobre, pobre Babilonia, la gran ciudad poderosa! ¡En un instante te llegó el juicio!».

[11] Los mercaderes de la tierra sollozarán y se lamentarán, porque ya no habrá nadie que les compre. [12] Ella era una gran cliente que compraba oro, plata, piedras preciosas y perlas; lino fino, púrpura y seda escarlata; maderas olorosas, objetos de marfil, maderas preciosas labradas, cobre, hierro y mármol; [13] canela, especias aromáticas, incienso, mirra, y perfumes; vino, aceite, harina fina y trigo; vacas, ovejas, caballos y carrozas; y hasta seres humanos vendidos como esclavos. [14] «Ya no tienes los lujos que tanto te gustaban —le gritarán—. Ya no tienes el lujo y el esplendor en que te deleitabas. Jamás los volverás a tener».

[15] Los mercaderes que se habían enriquecido comerciando con aquella ciudad se pararán de lejos, aterrorizados de ver semejante castigo. Llorarán y dirán entre sollozos: [16] «¡Pobre, pobre de la gran ciudad, vestida de linos finos, púrpura y escarlata, y adornada con oro, piedras preciosas y perlas! [17] ¡Cuánta riqueza se perdió en un instante!». Los navíos y los capitanes de las flotas mercantes, sus tripulaciones y sus pasajeros y todos los que viven del mar, se pararán lejos, [18] y al contemplar el humo del incendio, dirán: «¿Dónde vamos a encontrar otra ciudad como esta?».

[19] Y echándose tierra en la cabeza en señal de duelo, dirán ahogados por el llanto:

«¡Ay, pobre de la gran ciudad que nos enriqueció con su gran riqueza! ¡En sólo una hora desapareció…! [20] Pero tú, cielo, regocíjate por lo que ha sucedido. Y regocíjense también los santos, los profetas y los apóstoles, porque al castigar a la gran ciudad, Dios les está haciendo justicia a ustedes». [21] Entonces un ángel poderoso tomó una peña con forma de piedra de molino y la arrojó en el mar diciendo: «Babilonia, la gran ciudad, será arrojada como yo arrojé esta piedra, y desaparecerá para siempre. [22] Nunca se volverá a escuchar en ella la música de los cantantes, el vibrar del arpa, la flauta y la trompeta. Jamás volverá a verse en ella industria de ningún tipo, y cesará la molienda de granos. [23] Negras serán sus noches, sin luz de lámparas en las ventanas. Jamás volverán a proclamarse alegrías nupciales, porque tus mercaderes eran los más prósperos de la tierra y engañaste a las naciones con tus hechicerías, [24] porque por ti se derramó sangre de profetas y santos y de todos los que han sido asesinados en toda la tierra».

Abre los ojos

1. ¿Cuál dirías que es el futuro de la gran Babilonia (versos 1 al 3)?

2. ¿Qué puedes aprender en los versos 4 al 8 acerca de un discípulo de Jesús, de Dios y de Babilonia respectivamente?

3. ¿Cuáles son las cosas que te llaman la atención al leer los versos 9 al 20?

Abre la mente

Su soberbia (v. 1-3)

Este capítulo nos presenta la continuación de la séptima copa. Babilonia, habiendo sido sentenciada, ahora es juzgada. Babilonia, que seduce y atrapa al ser humano con sus aparentes lujos y deleites, ahora es representada como una gran ciudad que está sobre siete montes. Es una clara referencia a la capital del imperio romano, con su insaciable apetito económico

> La habitación ideal para la humanidad no es un lugar sino una persona, Cristo Jesús.

y poderío militar a precio de opresión, abuso, crueldad y muerte. A diferencia de esta gran ciudad, la habitación ideal para la humanidad no es un lugar sino una persona, Cristo Jesús, en quien tenemos nuestro domicilio permanente.

En el Edén vemos al hombre habitando en perfecta comunión y compañerismo con su Creador. Pero fue echado por su rebeldía y deseo de «independencia». Desde entonces, los desiertos se convirtieron en lugares inhóspitos, y las ciudades, que eran un refugio, empezaron a exhibir el vacío de los corazones insaciables, ostentosos y opulentos de sus habitantes. Babilonia es un espejismo y está destinada a la destrucción, y con ella todos los que bebieron de la copa de su inmundicia; es hecha guarida de demonios y de todo espíritu inmundo. Ya que no se encontró lugar para el diablo y sus ángeles en el cielo, ahora Babilonia es el lugar de su habitación.

Su pecado (v. 4-8)

¿Cómo habrán escuchado aquellos discípulos las palabras: «Sal de esa ciudad, pueblo mío»? Jesús en su oración por sus discípulos había pedido al Padre que no los sacara de este mundo, sino que los protegiera del maligno (Juan 17:15). Este no era un llamado a salir del imperio romano, sino un llamado a *que «no participen de las acciones malas de los que viven en oscuridad, las cuales no traen ningún provecho. Más bien, háganles ver sus pecados»* (Efesios 5:11). Mientras Babilonia se caracteriza por poseer bienes, los discípulos de Jesús se distinguen por administrar los bienes de Dios para sus propósitos santos. Una evidencia de esto fue el cambio de actitud hacia las posesiones materiales después del derramamiento del Espíritu Santo el día de Pentecostés (Hechos 2:44-45). Esta es la contracultura del seguidor de Cristo. Aquí vemos a Babilonia colapsando debido a sus pretensiones. En los versos 6 al 8 están agrupadas una serie de profecías tanto de Isaías como de Jeremías, ordenadas secuencialmente por Juan, todas ellas relacionadas a la caída de Babilonia: Hazle a ella lo que ella te hizo a ti (Jeremías 50:15, 29), e imponle doble castigo a sus maldades (Jeremías 17:18). En la copa en que preparó bebida para otros, prepárale una bebida dos veces más fuerte. Ella ha vivido en derroches y en placeres sin límites; dale ahora dolores y penas sin límites (Isaías 47:1). Ella se jacta diciendo: En este trono soy reina. No soy ninguna viuda; nunca sufriré (Isaías 47:7-8). Por tanto, ¡en un solo día caerán sobre ella peste, llanto y hambre, y al final la consumirá el fuego! (Jeremías 51:58). ¡Poderoso es el Señor Dios que la juzga! (Jeremías 50:23).

Su botín (v. 9-20)

Analicemos la lista de los versos 12 y 13. Desde la perspectiva de Babilonia, los artículos están acomodados por orden de valor. Esta lista nos revela cómo el ser humano, en su afán de «negociar» con Babilonia, ha perdido la dignidad que Dios le dio (Génesis 1:26-28). Babilonia insiste en que el ser humano no tiene valor (está al final de la lista). Debemos rechazar esta copa de inmundicia.

En este capítulo hay tres grupos de personas: reyes, mercaderes y capitanes. Ninguno de estos tres grupos, que interactúan con Babilonia, son destruidos. Ellos la ven de lejos, decepcionados, pero por su necesidad de satisfacción y de lujuria preguntan «¿Dónde vamos a encontrar otra ciudad como esta?» (v. 18). Sin Cristo, no encontraremos satisfacción.

Su caída (v. 21-24)

La caída de Babilonia, que se repite una y otra vez cuando las estructuras de poder y la avaricia colapsan, es el resultado de desafiar la santidad de Dios, quedando atrapada en su autodestructiva miseria; siempre que el ser humano permite que Babilonia sea el contexto y la única realidad de su vida, perderá la

171

libertad de ser y de comportarse como alguien hecho a imagen y semejanza de Dios. Pertenecemos a una cultura que confía en el poder de las riquezas y en todas las cosas que estas pueden comprar, mientras que los discípulos se atreven a poner su confianza en el Creador de todas las cosas, el cual es bendito por los siglos, amén (Romanos 1:25).

Abre el corazón

1. Escribe el imperativo u orden específica que escuchas al leer el verso 4.

2. ¿Alguna vez «has caído» en algún aspecto de tu vida, así como «ha caído» Babilonia? ¿Cuál fue tu aprendizaje?

3. Escribe una lluvia de ideas acerca de las diferentes maneras en las que puedes evitar ser un esclavo de Babilonia.

Los discípulos de Jesús

Apocalipsis 19

[1] Después de esto escuché que una multitud inmensa gritaba a viva voz en el cielo: «¡Aleluya! ¡La gloria, el poder y la salvación proceden de nuestro Dios!, [2] porque juzga con justicia y verdad. Ha castigado a la gran prostituta que corrompía la tierra con sus pecados, y ha vengado la sangre de sus siervos que ella derramó». [3] Y añadieron: «¡Aleluya! ¡Las ruinas de ella humearán eternamente!». [4] Entonces los veinticuatro ancianos y los cuatro seres vivientes se postraron y adoraron a Dios, que estaba sentado sobre el trono, y decían: «¡Amén! ¡Aleluya!». [5] Y del trono brotó una voz que decía: «Alaben al Dios nuestro los siervos del Señor que le temen, pequeños y grandes». [6] Entonces escuché algo así como las voces de una gran multitud o el estruendo de una catarata, o como el retumbar de grandes truenos. Y aquella voz gritaba: «¡Alabado sea Dios! ¡El Señor, nuestro Dios Todopoderoso, reina! [7] Alegrémonos, regocijémonos y démosle gloria, porque ha llegado la hora de la boda del Cordero; y a su novia, que ya está preparada, [8] se le ha permitido vestirse del lino más fino, limpio y resplandeciente». El lino fino simboliza las buenas obras del pueblo santo. [9] Y el ángel me pidió que escribiera lo siguiente: «Dichosos los que están invitados a la fiesta de bodas del Cordero». Y me dijo: «Este es un mensaje verdadero de Dios». [10] Entonces me postré a sus pies para adorarlo, pero me dijo: «¡No! ¡No lo hagas! Soy un siervo al igual que tú y tus hermanos que proclaman fielmente su fe en Jesús. Adora sólo a Dios. El propósito de las profecías es dar testimonio de Jesús». [11] Vi entonces que el cielo estaba abierto y contemplé un caballo blanco cuyo jinete se llamaba Fiel y Verdadero, porque con justicia

juzga y pelea. [12] Los ojos de aquel jinete parecían llamas de fuego y en la cabeza traía muchas coronas. En la frente llevaba escrito un nombre cuyo significado sólo él conocía. [13] Vestía una ropa bañada de sangre y su nombre era: la palabra de Dios. [14] Los ejércitos celestiales, vestidos de lino finísimo, blanco y limpio, lo seguían en caballos blancos. [15] De la boca salía una espada aguda con la que herirá a las naciones, a las que gobernará con puño de hierro. Él exprimirá uvas en el lagar del furor y la ira del Dios Todopoderoso. [16] En su vestidura y en un muslo tiene escrito este título: REY DE REYES Y SEÑOR DE SEÑORES. [17] Entonces vi que un ángel, de pie en el sol, gritaba a todas las aves que vuelan en el cielo: «¡Vengan! ¡Júntense a comer la gran cena de Dios! [18] Vengan y coman carne de reyes, capitanes, generales famosos, caballos y jinetes, y las carnes de toda clase de personas, grandes y pequeñas, esclavas y libres».
[19] Entonces vi a la bestia y a los gobernantes de la tierra y a sus ejércitos reunidos para pelear contra el que montaba el caballo blanco y contra su ejército.
[20] Y la bestia cayó presa, y con ella el falso profeta que podía realizar milagros en presencia de la bestia. Con esos milagros había engañado a los que aceptaron la marca de la bestia y adoraron su imagen. Los dos fueron arrojados vivos en el lago de fuego que arde con azufre. [21] Y los demás cayeron víctimas de la espada aguda que salía de la boca del jinete del caballo blanco, y todas las aves se hartaron de sus carnes.

Abre los ojos

1. Haz una lista de lo que aprendas acerca de la alabanza en los versos 1 al 8.

2. ¿Qué podría ayudarnos a los discípulos de Jesús a mantener la centralidad de Jesús en nuestra adoración y servicio a él según los versos 9 y 10?

3. Lee los versos 17 al 21 y escribe aquellas cosas que más te llaman la atención.

Abre la mente

En el evangelio Juan, hay una conversación que Jesús sostuvo con algunos judíos que habían creído en él: «... —*Si ustedes se mantienen obedientes a mis enseñanzas, serán de verdad mis discípulos. Entonces conocerán la verdad, y la verdad los hará libres*» (Juan 8. 31-32). Alguien puede creer en él y aun así no ser un discípulo suyo. ¿Por qué es importante esto? Desde el capítulo 12 hemos conocido a nuestro adversario, el acusador; él, junto con sus agentes de maldad, han marcado la mente y las acciones de los seres humanos de tal forma que ahora sus blasfemias y sus mentiras son un imperio del mal que emerge una y otra vez: Babilonia. Esta, como una «prostituta» seductora, busca esclavizar a todo el mundo a través de sus espejismos y engaños materialistas, temporales y ficticios. Nadie está exento de sus seducciones y engaños, pero solo los discípulos de Jesucristo podremos mantenernos libres en abierta oposición, para cumplir con el llamado que Jesús nos ha hecho a seguirlo y servirle.

Le adoran (v. 1-8)

¡Aleluya!, un llamado a la adoración que significa «¡Alabemos con júbilo al Señor!». La expresión «*La gloria, el poder y la salvación*» (v. 1) exalta la naturaleza misma de Dios, como vimos ya en otras escenas de alabanza (Apocalipsis 4:11; 5:12; 7:12). La naturaleza de la alabanza a través de toda la Biblia es la humilde y lógica respuesta a la revelación de la gloria de nuestro Dios (Salmos 100). Dios revela su gloria, y el ser humano responde en alabanza y adoración a él. Dios es el iniciador y el hombre simplemente contesta. ¿Quién sino alguien que ha experimentado su gloria y poder en una vida transformada podría exaltar esas virtudes de Dios? La adoración es una necesidad de los discípulos (Juan 4:24). Pero no adoramos solo porque necesitamos hacerlo, sino porque Dios lo requiere de nosotros: «*Y del trono brotó una voz que decía: 'Alaben al Dios nuestro los siervos del Señor que le temen, pequeños y* grandes'»

> **«Alabar» significa «contar una historia». ¿Qué historia estás contando a través de tu alabanza?**

(v. 5). La palabra «alaben» se traduce del vocablo griego «*ainos*» que significa «contar una historia». ¿Qué historia estás contando a través de tu alabanza?

La imagen de una fiesta de bodas (la boda del Cordero), aparece en medio del contexto de este llamado que Dios nos hace a los discípulos a alabarlo. La alabanza en Apocalipsis es un acto público de lealtad y fidelidad, donde la novia cuenta la historia de amor y redención.

Proclaman su fe (v. 9-10)

Proclamar la fe en Jesús nos permite mantener nuestro enfoque en él. A través de nuestra lectura de este capítulo vemos que el ángel que habla con Juan, a diferencia de Jesús, rechaza completamente la adoración. El N.T. enseña que Jesús fue adorado por los mismos ángeles (Hebreos 1:6) y de la misma forma es adorado por sus discípulos (Mateo 14:33).

¿Cuántas cosas crees que la iglesia adora el día de hoy? ¡Los discípulos adoramos solamente a Jesús! La profecía no es la declaración del futuro, ni una predicción de los acontecimientos finales; la profecía bíblica siempre apunta hacia Jesús, el testimonio de Jesús es el espíritu de la profecía (v. 10). No se puede ser libre de la seducción y esclavitud de Babilonia si no damos el testimonio de Jesús.

Lo conocen (v. 11-16)

Ya conocíamos a este caballo blanco mencionado en el verso 11, junto con su glorioso jinete (Apocalipsis 6:2). Este salió triunfante a obtener más victorias. En esta sección, siguiendo el patrón del libro (de menor a mayor intensidad), lo vemos con mucho mayor claridad ante un cielo literalmente abierto. El nombre de su jinete describe su identidad y su carácter: «Fiel y Verdadero». Esto contrasta con el espejismo y la falsedad de Babilonia, derribada sobre su propia mentira y maldad. La justicia de este jinete es la que somete a sus adversarios, la que juzga la maldad y la que hace guerra contra el mal. Por lo tanto, los discípulos de Jesús conocemos de qué Espíritu somos. No nos dejamos vencer por el mal, sino vencemos el mal haciendo el bien (Romanos 12:21). Sus discípulos sabemos lo que es bueno y lo que él nos pide: «...*practiquen la justicia, que sean misericordiosos y que vivan siguiendo fielmente sus instrucciones*» (Miqueas 6:8).

En el verso vemos a Jesús con vestiduras blancas teñidas de sangre, su propia sangre (v. 13). A pesar del lenguaje militar y de la inminente guerra a la que ya Apocalipsis ha hecho referencia, la única sangre que se derrama es la de Jesús, la sangre con la que, al morir, triunfó públicamente sobre todos sus enemigos en la cruz (Colosenses 2:15). Esta misma sangre es con la que sus discípulos blanquean sus ropas. Es la sangre del Cordero la que nos limpió de nuestros pecados (Apocalipsis 1:5); es la sangre del Cordero la que nos reconcilió con el Padre.

Esta es una imagen que nos ratifica la veracidad de la visión: Jesús es Rey de Reyes y Señor de Señores, ha recibido toda autoridad en el cielo y en la tierra (Mateo 28:18). Jesús es rey de todo y de todos, y sus discípulos lo saben.

Vencen (v. 17-21)

Los discípulos de Jesús somos diferentes; hemos decidido pagar un precio a través del rechazo, la crítica y la persecución. Los discípulos no somos engañados y marcados con las blasfemias con las que el falso profeta marcó a los hombres. Nosotros perseveramos en la gracia y en el conocimiento del Señor. A los discípulos del Señor, la espada aguda de su boca nos transforma cada vez más a su imagen (Romanos 8:29). El discípulo de Jesucristo se deleita en su palabra y pone en práctica sus enseñanzas. Su obediencia a ella es la máxima evidencia de que ha pasado de muerte a vida (Juan 5:24).

Apocalipsis es un llamado al discipulado cristiano. Es un llamado urgente a que los creyentes de Jesucristo nos convirtamos en discípulos que siguen al Cordero a dondequiera que él vaya. Los discípulos tienen vestidos blancos que hablan de la obra que Jesús realizó al morir y resucitar por ellos. Como resultado, los discípulos realizan actos de obediencia, que no buscan justificarnos delante de Dios, sino que son obras que él de antemano ya había planeado que hiciéramos (Efesios 2:8-10). El discípulo de Jesús no es salvo *por* sus buenas obras sino *para* buenas obras.

Abre el corazón

1. ¿Cuáles son tres cosas por las que estás más agradecido con Dios en este momento? ¿De qué manera expresas tu gratitud al Señor?

2. ¿Sientes que el estudio del Apocalipsis te ha ayudado a que tu deseo de alabar a Dios crezca? ¿De qué forma?

3. ¿De cuántas maneras y por qué un discípulo debe mantener la centralidad en Jesucristo?

Se trata de Jesús

Apocalipsis 20

[1] Entonces vi que un ángel descendió del cielo con la llave del abismo y una gran cadena en la mano, [2] y prendió al dragón, la serpiente antigua, conocida también con el nombre de diablo o Satanás, y lo encadenó durante mil años. [3] Lo arrojó al abismo donde lo encerró bajo llave para que no engañara más a las naciones hasta que transcurrieran mil años. Después de ese período, volverá a estar libre un tiempo breve.

[4] Entonces vi que los que habían recibido la facultad de juzgar se sentaron en tronos. Y vi a las almas de los que habían muerto decapitados por dar testimonio de Jesús y por proclamar la palabra de Dios. Ellos no habían adorado a la bestia ni habían aceptado que los marcaran en la frente o en la mano. Vi que resucitaban y reinaban con Cristo mil años. [5] Esta es la primera resurrección. Los demás muertos no resucitarán hasta que los mil años hayan transcurrido. [6] Dichosos y santos los que tienen parte en la primera resurrección; la segunda muerte no podrá hacerles daño, serán sacerdotes de Dios y de Cristo y reinarán con él mil años.

[7] Al cabo de los mil años, Satanás saldrá de la prisión [8] y correrá a engañar a las naciones del mundo, a Gog y a Magog, y a juntarlas para la batalla. Su número será incontable como la arena del mar. [9] Marcharán por todo lo ancho de la tierra y rodearán al pueblo de Dios y su amada ciudad. Pero Dios mandará fuego del cielo y los consumirá por completo. [10] Entonces el diablo, el que los había vuelto a engañar, será arrojado al lago de fuego y azufre, en el que ya estaban la bestia y el falso profeta. Allí serán atormentados día y noche por los siglos de los siglos.

[11] Y vi un gran trono blanco sobre el que alguien estaba sentado. Al verlo, la tierra y el cielo salieron huyendo, sin dejar rastro alguno. [12] Y vi a los muertos,

grandes y pequeños, de pie delante del trono. Se abrieron entonces los libros; y se abrió también el libro de la vida. Los muertos fueron juzgados de acuerdo con lo que estaba escrito en los libros, según sus obras. [13] El mar entregó los muertos que había en él, y lo mismo hicieron la muerte y el infierno. Y cada uno fue juzgado según sus obras. [14] Y la muerte y el infierno fueron lanzados al lago de fuego. Este lago de fuego es la segunda muerte. [15] Y el que no estaba inscrito en el libro de la vida fue arrojado al lago de fuego.

Abre los ojos

1. Lee los versos 1 al 6 en tres diferentes traducciones. Luego describe la escena en las palabras más sencillas posibles.

2. Compara este mismo pasaje con Efesios 2:1-7. ¿Puedes encontrar algunas similitudes?

3. Lee los versos 11 al 15 y escribe lo que más te llame la atención.

Abre la mente

El enfoque interpretativo de este pasaje se basa en el reinado de mil años. Este es mejor conocido como «el milenio». De este tema no solo se ha escrito mucho, sino que también se ha usado para construir sistemas teológicos completos alrededor de las palabras «premilenialista», «posmilenialista» y «amilenialista». Echemos un vistazo a cada uno de estos conceptos:

Premilenialista: Este punto de vista entiende el inminente regreso de Cristo al final de un periodo de tribulación para reinar sobre la tierra durante mil años de paz. Este periodo comienza con la resurrección de los justos que se unirán a los creyentes que estarán vivos en ese momento y concluye con la resurrección y juicio de los malvados.

Posmilenialista: Este punto de vista entiende el inminente regreso del Señor al final de mil años de paz y prosperidad donde poco a poco el reino de Dios desplaza al reino de las tinieblas. Algunos de los que sostienen este punto de vista aseguran que el milenio incluso ya comenzó.

Amilenialista: Este punto de vista entiende el reinado de mil años del Señor como un símbolo de la era de la iglesia. Al final de este periodo Jesús regresa para juzgar al mundo y establecer su nueva creación (cielos y tierra nuevos). Esta postura fue abrazada por bastantes de los líderes de la iglesia primitiva y fue sistematizado por San Agustín (uno de los padres de la iglesia y teólogos más importantes) hasta la Reforma Protestante en el siglo XVI (este será el punto de vista con el que leeremos este capítulo).

> **El discípulo de Cristo no es parte de un grupo especial que no sufrirá tribulación. Está de principio a fin en este drama, siendo un embajador del reino de Dios.**

Jesús reina mil años (v. 1-6)

Es importante considerar que cuando los pasajes en la Biblia usan el término «mil años» no lo hacen de una forma literal, sino para dar una noción de *tiempo prolongado* (ej. Salmos 90:4; 2 Pedro 3:8). Este número establece un contraste entre un tiempo muy corto y el periodo más largo que alguien pueda imaginar. En Apocalipsis, el periodo largo e indefinido comienza y termina con los eventos claramente descritos dentro de estas imágenes, que muestran realidades tangibles en las que Dios y su palabra nos invitan a reflexionar y a responder como discípulos de Jesús.

Para Juan, la cruz del calvario es lo que ata a Satanás. Esta es una realidad palpable para los discípulos de Jesús, aquellos que con «*la sangre del Cordero y por el mensaje del que dieron testimonio*» (Apocalipsis 12:11) deciden enfrentar al dragón y lo vencen a fin de ser verdaderamente libres para servir a su Señor. Por lo que también «reinar con Cristo» es una realidad para aquellos que seguimos al Cordero adondequiera que vaya. Aquellos que resucitamos con él, buscamos las cosas de arriba, donde Cristo está sentado junto a Dios en el sitio de honor (Colosenses 3:1). Somos quienes fijan «la mirada en las cosas de arriba», no en las de la tierra. Ponemos el dolor y la miseria de un mundo sin Dios delante de él en oración, y, asimismo, representamos los valores y los ideales del reino de Dios aquí en la tierra. Por eso oramos «*venga tu reino y cúmplase en la tierra tu voluntad como se cumple en el cielo*» (Mateo 6:10).

Efectivamente, el reino de Dios no se origina en este mundo (Juan 18:36), pero su destino es este mundo, donde quienes reinamos con Jesús hemos aprendido a amar a nuestros enemigos y a orar por quienes nos persiguen (Mateo 5:44). Cuando nos abofeteen en una mejilla, podemos también presentar la otra (Mateo 5:39). Los que reinamos con Cristo hemos perdido nuestra vida en este mundo para encontrarla en Cristo y vivir así para su gloria (Mateo 16:25). El discípulo de Cristo no escapa de la tragedia que vive este mundo, ni es parte de un grupo especial que no sufrirá tribulación. El discípulo de Cristo (como lo hemos visto a través de Apocalipsis en cada una de estas imágenes) está de principio a fin en este drama, siendo un embajador del reino de Dios y un agente de redención en el nombre de su Señor.

Jesús vence (v. 7-10)

En la segunda carta que escribió Pablo a la iglesia de Tesalónica encontramos un interesantísimo pasaje parecido a estos versos. Al armonizarlos y hacerlos concordar el uno con el otro, entenderemos mejor esta sección. Este pasaje en 2 Tesalonicenses 1:6-9 dice: *"Dios, que es justo, hará sufrir a los que los están afligiendo. A ustedes, los que ahora sufren, Dios les dará descanso, lo mismo que a nosotros. Esto será cuando el Señor Jesús venga del cielo entre llamas de fuego con sus poderosos ángeles y castigue a los que no conocen a Dios ni obedecen el evangelio de nuestro Señor Jesús. Estos sufrirán la pena de la destrucción eterna, alejados de la presencia del Señor y de la gloria de su poder».*

Estos versos contienen paralelos entre sí. Hablan de la imagen presentada de Satanás y de todos aquellos que, engañados, ahora le sirven, entre ellos el rey Gog y su pueblo Magog. El verso 9 de Tesalonicenses, es una correspondencia casi exacta al verso 10, donde ellos fueron lanzados al lago de fuego, siendo atormentados día y noche por los siglos de los siglos. Esta victoria la llevó a cabo el Cordero de Dios quien fue inmolado desde antes de la fundación del mundo. Él es y siempre ha sido el Rey, el Señor, el Redentor, quien salió triunfante a obtener más victorias (Apocalipsis 6:2). Repetidamente se nos ha presentado en Apocalipsis esta imagen de la victoria del Señor, no de una manera progresiva en cuanto a una sucesión de eventos o en plazos diferidos, sino con una mayor y mayor intensidad, invitándonos a reconocer esta gran realidad: Jesucristo es el Señor.

Jesús salva (v. 11-15)

El trono de Dios se menciona treinta y cinco veces en Apocalipsis. Este es el enfoque o el centro de toda la revelación de Jesucristo a través del libro. Esta es una imagen que presenta el juicio de Dios, ya que el trono (la santidad de Dios) es la norma de su justicia, donde Jesús ya no se presenta como abogado sino como el juez ante quienes todos comparecen, y ante quien ninguno podrá ser justificado por sí mismo (Salmos 143:2).

A los redimidos ya los vimos con ropas blancas delante del trono en la presencia del Cordero (Apocalipsis 7:9). En este capítulo vemos a todos aquellos que, como lo mencionó Jesús, murieron en sus pecados (Lucas 13:1-5). ¡Qué escena tan terrible! En este sentido las obras juegan un papel muy importante; Apocalipsis nos lo ha venido enfatizando. Aunque las obras no son un requisito para la salvación, si son una evidencia de la fe verdadera (Efesios 2:8-10; Santiago 2:14-26). Aquellos que no se hallaron inscritos en el libro de la vida, fueron arrojados al lago de fuego, no sufriendo así la aniquilación del alma sino «la segunda muerte» (v. 14). En palabras del apóstol Pablo, esto significa sufrir «... *la pena de la destrucción eterna, alejados de la presencia del Señor y de la gloria de su poder*» (2 Tesalonicenses 1:9).

Abre el corazón

1. ¿Dirías que tú has resucitado con Cristo? ¿Cómo explicarías esto a alguien que aún no lo ha experimentado?

2. ¿Cuáles son las batallas más grandes que como cristiano estás enfrentado? ¿Has encontrado en este capítulo algo que te dé esperanza? Anota tus reflexiones y compártelas con alguien más.

3. ¿Cómo te sentirías si se publicara un libro detallando todas las cosas que has hecho en el transcurso de tu vida? Si pudieras editarlo, ¿qué dejarías fuera y que dejarías dentro?

La esposa del Cordero

Apocalipsis 21

¹ Entonces vi un nuevo cielo y una nueva tierra, porque la tierra, el mar y el cielo que conocemos desaparecieron. ² Y vi la ciudad santa, la nueva Jerusalén, descender del cielo, de donde estaba Dios. Tenía la apariencia gloriosa y bella de una novia. ³ Oí entonces que una potente voz gritaba desde el trono: «La casa de Dios está ahora entre los seres humanos, y él vivirá con ellos. Ellos serán su pueblo y Dios mismo estará con ellos, y será su Dios. ⁴ Él les enjugará las lágrimas y no habrá muerte ni llanto ni clamor ni dolor, porque estos pertenecen a un pasado que no existe más». ⁵ Y el que estaba sentado en el trono dijo: «Yo hago nuevas todas las cosas». Luego me dijo: «Escribe, porque lo que te digo es digno de crédito y verdadero. ⁶ «¡Hecho está! ¡Yo soy la A y la Z, el principio y el fin! ¡Al sediento le daré a beber gratuitamente del manantial del agua de la vida! ⁷ El que salga vencedor heredará estas bendiciones y yo seré su Dios y él será mi hijo. ⁸ Pero los cobardes, los incrédulos, los corruptos, los asesinos, los que cometen inmoralidades sexuales, los que practican la brujería, los que adoran ídolos y los mentirosos, serán arrojados al lago que arde con fuego y azufre, que es la segunda muerte». ⁹ Entonces uno de los siete ángeles que habían derramado las copas que contenían las siete últimas plagas, vino y me dijo: «Ven y te presentaré a la novia, la esposa del Cordero». ¹⁰ Me llevó en el Espíritu a la cumbre de un monte alto, y desde allí contemplé una ciudad que bajaba del cielo, de delante de Dios. Era la santa Jerusalén. ¹¹ Brillaba con la gloria de Dios, resplandecía como piedra preciosísima, como piedra de jaspe, diáfana como el cristal. ¹² Sus murallas eran amplias y altas, y doce ángeles

custodiaban sus doce puertas. Los nombres de las doce tribus de Israel estaban escritos en las puertas. [13] Había tres puertas en el lado norte, tres en el sur,
tres en el este y tres en el oeste. [14] Doce piedras constituían los cimientos de la
muralla, y en cada una de ellas estaba escrito el nombre de uno de los doce
apóstoles del Cordero. [15] El ángel traía en la mano una vara de oro para medir
la ciudad, sus puertas y sus murallas. [16] La ciudad era completamente cuadra-
da. Su largo era igual a su ancho; su alto era exactamente igual al largo y al
ancho: dos mil doscientos kilómetros. [17] La muralla tenía un espesor de sesenta
y cinco metros. El ángel utilizaba medidas humanas. [18] La ciudad misma era de
oro puro, transparente como el vidrio. La muralla era de jaspe. [19] Las doce piedras de sus cimientos estaban adornadas con piedras preciosas; la primera
con jaspe, la segunda con zafiro, la tercera con ágata, la cuarta con esmeralda, [20] la quinta con ónice, la sexta con cornalina, la séptima con crisólito, la
octava con berilo, la novena con topacio, la décima con crisoprasa, la undécima
con jacinto y la duodécima con amatista. [21] Cada una de las doce puertas era
una perla, y la calle principal de la ciudad era de oro puro, transparente como
un cristal. [22] No vi en la ciudad templo alguno, porque el Señor Dios Todopoderoso y el Cordero son su templo. [23] La ciudad no necesita que el sol ni la luna la
alumbren, porque la gloria de Dios la ilumina y el Cordero es su lumbrera. [24] Su
luz iluminará a las naciones de la tierra y los gobernantes del mundo le llevarán
sus gloriosas riquezas. [25] Sus puertas jamás estarán cerradas, pues allí no existe la noche. [26] La gloria y las riquezas de las naciones irán a ella. [27] No entrará
en ella nada impuro, ni los idólatras ni los mentirosos; solamente los que están
inscritos en el libro de la vida del Cordero.

Abre los ojos

1. ¿Qué es lo que Juan vio en los versos 1 al 4? Apoya tu observación en un par de versiones diferentes antes de responder.

2. ¿Hacia dónde miran (presente, pasado o futuro) las palabras que pronunció «el que estaba sentado en el trono?».
   Lee con cuidado los versos 5 al 8 y anota tus observaciones.

3. Lee los versos 9 al 21 y anota las características que más te llaman la atención de esta ciudad

Abre la mente

Hemos llegado a la conclusión del Apocalipsis del N.T., al final (por decirlo de alguna manera) de la historia de la humanidad así como de la Biblia misma. En esta visión final, Juan combina la imagen de «la nueva Jerusalén» con la imagen de la esposa del Cordero. Esta esposa preparada, resplandeciente y fiel que Juan nos presentó en Apocalipsis 19:7-8: «*Alegrémonos, regocijémonos y démosle gloria, porque ha llegado la hora de la boda del Cordero; y a su novia, que ya está preparada, se le ha permitido vestirse del lino más fino, limpio y resplandeciente*». Lo que Juan está viendo no es tanto una ciudad sino una comunidad, la comunidad de personas fieles al Cordero, su reino de sacerdotes, a quienes hemos visto en repetidas y muy distintas imágenes a través de todo el libro.

Ataviada (v. 1-8)

¿Qué cosas hacen hermosa a la esposa del Cordero? Dios le ha quitado la maldad. El mundo que se había rebelado en contra de su Creador ya no existe más. La esfera de corrupción y muerte, aquello que amenazaba la fidelidad y la pureza de la esposa del Cordero, finalmente ha sido quitado de en medio. En su lugar vemos «un nuevo cielo y una nueva tierra». Estos cielos no son de creación reciente; la creación como la conocemos no ha sido destruida. Dios no creó la tierra para que fuera un caos vacío (Isaías 45:18). El mismo cielo y la misma tierra serán «renovados».

Existen dos palabras muy usadas en el N.T. que nuestras Biblias traducen como «nuevo»; una hace énfasis en la cantidad (*kronos*) y la otra en la calidad (*neos*). Si alguien ha comprado un automóvil nuevo cero kilómetro, de reciente fabricación, entonces podríamos decir que ese automóvil es un auto «*kronos*». Si esa misma persona, en lugar de comprar un auto nuevo de agencia, decide llevar a reparar su automóvil y la agencia hace un trabajo integral y minucioso, no solo en el motor sino en todo el vehículo, ahora tiene un auto «*neos*», esto es «renovado». Es mucho mejor que nuevo, está como nunca antes había estado. De la misma forma, la palabra que escoge el apóstol Juan para describir el nuevo cielo y la nueva tierra es «*neos*», esto es, no de reciente fabricación, sino completamente renovados. Estos «nuevo cielo y una nueva tierra» no tienen que ver tanto con una transformación del ambiente o del escenario, sino una transformación total en la vida y el carácter de los redimidos.

En los versos 3 y 4, Juan nos presenta una composición de diversas imágenes proféticas como cumplimento de aquellas promesas y aquellos pactos que Dios había hecho con su pueblo (Ezequiel 37:27; Jeremías 31:33; Isaías 25:8; Isaías 43:18-19). La presencia de Dios, la fidelidad de Dios, el consuelo de Dios, la victoria de Dios sobre todas las consecuencias de la rebelión en el mundo, eso es el cielo. ¿Lo conoces? ¿Es un lugar? ¿Es una persona?

Sin duda es de Dios de quien provienen todas estas cosas, y es muy significativo que existan solo dos momentos en el libro donde escuchamos a Dios hablar: al principio y al final del libro: «Yo soy la A y la Z» (Apocalipsis 1:8; 21:6-7). Estas enmarcan el drama de Apocalipsis: Dios es el origen y el destino de todo y de todos. Dios no está limitado al tiempo. De la descripción de estos eventos que sucederán en el futuro, se cambia de enfoque y viene al tiempo presente diciendo: «*Yo hago nuevas todas las cosas*» (v. 5). Desde ese presente va hacia el futuro nuevamente, para premiar al que salga vencedor (v. 7) y para retribuir con la segunda muerte a los cobardes, los incrédulos, los corruptos y los mentirosos (v. 8). Ese tiempo futuro en esta visión de Juan se parece al presente cuando el discípulo de Cristo es una nueva creación (2 Corintios 5:17).

La restauración del reino de Dios ha comenzado desde el día que Jesús se levantó de los muertos.

En este capítulo, al discípulo de Jesús se le promete heredar todas las cosas si vence el engaño de la bestia; por otra parte, a aquellos en la lista de incrédulos, les está reservado sufrir «*la pena de la destrucción eterna, alejados de la presencia del Señor y de la gloria de su poder*» (2 Tesalonicenses 1:9). Esto está sucediendo ya, y a su vez tendrá su cumplimiento total en el futuro. La restauración del reino de Dios ha comenzado desde el día que Jesús se levantó de los muertos. Si bien la consumación está por suceder, la visión parece ver el escenario en ambos tiempos: presente y futuro.

Gloriosa (v. 9-21)

La lectura contextual de este maravilloso libro nos permite descubrir que la esposa del Señor participa de la gloria y de la naturaleza de su esposo. Juan describe a la esposa como resplandeciente (v. 11). La esposa es el reflejo o la gloria del esposo. Juan menciona que esta ciudad-esposa tiene doce puertas y doce cimientos. Esta es la comunidad de los redimidos sentados en veinticuatro tronos alrededor del trono de Dios. Esta ciudad tiene la misma forma del lugar santísimo dentro del templo (1 Reyes 6:20), el lugar mismo de la habitación de Dios. En otras palabras, es Dios mismo habitando con su pueblo.

Modesta (v. 22-27)

La ciudad se distingue por lo que no tiene: no tiene templo, el Señor es su templo. No tiene sol ni luna porque la gloria de Dios lo ilumina. Sus puertas jamás están cerradas; en ella no entrará nada impuro. Solo nosotros, los que estamos inscritos en el libro de la vida del Cordero.

Abre el corazón

1. ¿Cuál de las cosas que «el cielo y tierra nuevos» traerán te emocionan más y por qué? ¿De qué manera cambiará esto la relación que tienes hoy con Jesucristo?

2. ¿Qué es lo que tú personalmente escuchas en la frase «el que venciere heredará todas las cosas»?

3. ¿Cuáles son las diferencias principales que encuentras entre la actual esposa del Señor y la descrita en este capítulo?

Los siervos de Dios

Apocalipsis 22

¹ Luego el ángel me mostró un río de agua de vida, transparente como el cristal, que brotaba del trono de Dios y del Cordero ² y corría en medio de la calle principal de la ciudad. En ambas riberas crecía el árbol de la vida, que produce frutos todos los meses, doce veces al año, y con sus hojas se curan las naciones. ³ No habrá allí nada maldito. Y el trono de Dios y del Cordero estarán allí. Sus siervos lo servirán ⁴ y verán su rostro y llevarán su nombre escrito en la frente. ⁵ No existirá la noche y por lo tanto no se necesitarán lámparas ni sol, porque Dios, el Señor, los iluminará; y reinarán durante toda la eternidad. ⁶ Entonces el ángel me dijo: «Estas palabras son ciertas y dignas de confianza. Dios, el que inspira a los profetas, ha enviado a su ángel a mostrar a sus siervos lo que está por suceder». ⁷ «Vengo pronto. ¡Bendito el que cree las palabras proféticas que están escritas en este libro!».

⁸ Yo, Juan, vi y oí estas cosas y me postré para adorar al ángel que me las mostró. ⁹ Y me dijo nuevamente: «No, no lo hagas; yo soy un siervo como tú, como tus hermanos los profetas y como todos los que obedecen las palabras de este libro. Adora sólo a Dios».

¹⁰ Y luego añadió: «No escondas las palabras del mensaje profético de este libro, porque la hora de su cumplimiento se acerca. ¹¹ Mientras tanto, deja que el malo siga haciendo el mal, y que el impuro siga en su impureza; pero que el bueno siga haciendo el bien, y que el santo siga santificándose». ¹² «¡Miren, vengo pronto! Traigo conmigo la recompensa que he de dar a cada uno según sus obras. ¹³ Yo soy la A y la Z, el principio y el fin, el primero y el último.

¹⁴ «Benditos los que lavan su ropa para tener derecho a entrar por la puerta de la ciudad y comer el fruto del árbol de la vida. ¹⁵ Pero afuera de la ciudad se

quedarán los perros, los hechiceros, los que cometen inmoralidades sexuales, los asesinos, los idólatras y todos los que aman y practican la mentira. [16] «Yo, Jesús, he enviado a mi ángel a anunciar estas cosas en las iglesias. Yo soy la raíz y la descendencia de David. Yo soy la estrella resplandeciente de la mañana». [17] El Espíritu y la Esposa dicen: «Ven». Y el que oye también diga: «Ven». Y el que tenga sed, venga; y el que quiera, beba gratuitamente del agua de la vida. [18] Solemnemente le advierto a cualquiera que escuche las palabras del mensaje profético de este libro: Si alguno añade algo a lo que está escrito, Dios le añadirá a él las plagas que se describen en este libro. [19] Y si alguno quita palabras de este libro de profecía, Dios le quitará su parte del árbol de la vida y de la santa ciudad, que aquí se describen. [20] El que da testimonio de estas cosas declara: «Sí, vengo pronto». ¡Amén! ¡Ven, Señor Jesús! [21] Que la gracia del Señor Jesús permanezca en ustedes. Amén.

Abre los ojos

1. Después de leer los primeros cinco versos, ¿de quién dirías que se trata nuestro futuro? ¿Qué implicaciones debería tener esta verdad para ti en el presente?

2. ¿Por qué es importante escuchar las palabras que Dios ha dejado escritas en su libro? Lee los versos 6 al 10 y haz una lista de todo lo que aprendas acerca de este tema.

3. ¿Cuántas y cuáles referencias a los discípulos de Jesucristo encuentras en los versos 11 al 15?

Abre la mente

Lo sirven (v. 1-5)

El templo, a través de la historia de Israel, ha jugado un papel crucial. Era allí donde Dios podía habitar y reunirse con su pueblo. En esta visión, la nueva Jerusalén es ese lugar santísimo, la habitación misma de Dios. Ahí la cruz ofrece el sacrificio que cumple con el antiguo pacto, limpiando a sus siervos y capacitándolos para su servicio. De este trono sale el río de agua de vida similar al descrito en Ezequiel 47. El evangelio de Juan habla de este río de «agua viva» (Juan 7:37-39) y fluye desde el trono hacia fuera de Jerusalén. Este representa la actividad y las bendiciones del Espíritu Santo en el corazón del discípulo de Jesús, que lo capacita para cumplir con la gran comisión.

Las hojas del árbol de la vida con las que «se curan las naciones» (v. 2) pueden referirse simplemente al avance del reino de Dios. En ese lugar ninguna maldición puede prevalecer, porque ahí está el trono de Dios. Es ahí donde los siervos de Dios le servimos; aquellos que lo adoramos tirando nuestras coronas (Apocalipsis 4:10) y recibiendo como respuesta una mayor revelación (v. 4). Sin lugar a dudas, esto es el cielo.

Lo escuchan (v. 6-10)

La visión de Juan regresa a su punto de partida con las similitudes entre dos pasajes que aparecen al principio del libro: Dios usa a un ángel como mensajero (Apocalipsis 1:1; 22:6) y la bendición para los que guardan las palabras de este libro (Apocalipsis 1:3; 22:7). En estos dos versos parecería que hemos regresado al prólogo del libro. Este repetido énfasis nos llama a obedecer las palabras de esta profecía. Esto es un recordatorio de que Apocalipsis no se escribió para obtener un conocimiento teológico, ni para argumentar acerca de eventos futuros o personajes misteriosos, sino para describir con claridad lo que significa ser ciudadanos fieles de la nueva Jerusalén. Nos enseña cómo vivir en el mundo ante la gran Babilonia, caída, corrompida y seductora. La visión de Juan en Apocalipsis nos

197

brinda una poderosa imagen del reino de Dios, como el marco en el que los discípulos somos llamados a vivir diariamente, recordándonos que la palabra de Dios no está escondida sino disponible para todos los que tengan oídos para oír y el corazón para creer y obedecer todo cuanto está escrito en ella «*porque la hora de su cumplimiento* (de la restauración de todas las cosas) *se acerca*» (v. 10).

Lo reflejan (v. 11-15)

Ante los ojos de Dios no existen «áreas grises»; lo blanco es blanco y lo negro es negro. Es muy importante reconocer que el castigo por la maldad es el mismo mal, y que la recompensa por el bien y la santidad son el mismo bien y la santidad (v. 11). A medida que se acerca el juicio de Dios, estas cosas serán cada vez más evidentes, añadiéndose que él pagará a cada ser humano según sus obras (v. 12). Por tal motivo, esta sección final contiene la última bendición de las siete

> **El castigo por la maldad es el mismo mal, y la recompensa por el bien y la santidad son el mismo bien y la santidad.**

que aparecen en el libro (Apocalipsis 1:3; 14:13; 16:15; 19:9; 20:6; 22:7): «*Benditos los que lavan su ropa para tener derecho a entrar por la puerta de la ciudad y comer el fruto del árbol de la vida*» (v. 14). Esta bendición solo puede ser posible por la sangre del Cordero (Apocalipsis 7:14), lo que nos da a los discípulos del Señor dos grandes privilegios: entrar por las puertas en la ciudad (Apocalipsis 21:25) y acceder al árbol de la vida (Apocalipsis 22:2). La nueva vida es una realidad solo a través de la sangre del Cordero. Estas imágenes de lavar nuestras ropas, entrar por la ciudad y comer del árbol de la vida son representativas de la nueva vida que tenemos en Cristo.

Necesitamos entrar a la ciudad para que la nueva Jerusalén sea el nuevo contexto donde vivamos nuestra vida, resultando en un cambio radical de valores, acciones, hábitos y dinámicas para relacionarnos con otros seres humanos.

Lo esperan (v. 16-21)

A Jesús, quien es descendiente de David y heredero legítimo al trono eterno que Dios le prometió. Él es el origen o el linaje de donde David mismo procede. Este Mesías maravilloso se describe a sí mismo como «la estrella resplandeciente de la mañana». El planeta Venus brilla como una estrella justo antes del amanecer, por lo que los antiguos lo llamaban «la estrella de la mañana», la estrella que, como un heraldo o mensajero, anuncia la salida del sol y la llegada de un nuevo día. La estrella de la mañana brillando en nuestros corazones (2 Pedro 1:19) es una referencia a la transformación que el discípulo experimenta día a día ante el inminente regreso de su Señor. El apóstol Juan lo dice con estas palabras: «*Sí, amados míos, ahora somos hijos de Dios, y no podemos ni siquiera imaginarnos lo que vamos a ser después. Pero de algo estamos ciertos: que cuando él venga seremos semejantes a él, porque lo veremos tal como es. El que espera esto se purifica, como Cristo es puro*» (1 Juan 3:2-3). El proceso de transformación comienza cuando nuestras ropas son lavadas y entramos con libertad a la nueva Jerusalén y nos alimentamos del árbol de la vida.

El Espíritu y la Esposa hacen una invitación a beber del agua «al que tenga sed». Habiendo conocido la esclavitud y viviendo ahora en libertad, anhelamos la liberación de las personas que están bajo el yugo del pecado, a fin de que conozcan la gloriosa libertad a la que el Cordero nos ha llamado.

Por último, era muy común que los escritores protegieran sus obras añadiendo una advertencia a los copistas para alertarlos de conservarlas intactas a la hora de reproducirlas. En los versos finales vemos una advertencia similar para la interpretación del libro. No disminuyamos o acomodemos la visión de Juan a las demandas de este mundo. Mantengamos la efectividad de nuestro testimonio como discípulos del Señor. Dispongámonos a orar: «*¡Ven, Señor Jesús!*» (v. 20). Que la gracia del Señor Jesús permanezca en ustedes. Amén.

Abre el corazón

1. ¿Tienes la sensación de que tu relación con Dios es cada día más cercana, más distante, o la misma desde hace mucho tiempo?

2. ¿Cuál de los títulos del Señor en este capítulo necesitas tener más presente y por qué?

3. A la luz de este capítulo, ¿cómo podrías vivir tu fe y expresar tu lealtad a Cristo en medio de Babilonia?

ALGUNAS PREGUNTAS QUE DEBES RESPONDER:

¿QUIÉN ESTÁ DETRÁS DE ESTE LIBRO?

Especialidades 625 es un equipo de pastores y siervos de distintos países, distintas denominaciones, distintos tamaños y estilos de iglesia que amamos a Cristo y a las nuevas generaciones.

e625.com

¿DE QUÉ SE TRATA E625.COM?

Nuestra pasión es ayudar a las familias y a las iglesias en Iberoamérica a encontrar buenos materiales y recursos para el discipulado de las nuevas generaciones y por eso nuestra página web sirve a padres, pastores, maestros y líderes en general los 365 días del año a través de **www.e625.com** con recursos gratis.

zona de contenido
PREMIUM

¿QUÉ ES EL SERVICIO PREMIUM?

Además de reflexiones y materiales cortos gratis, tenemos un servicio de lecciones, series, investigaciones, libros online y recursos audiovisuales para facilitar tu tarea. Tu iglesia puede acceder con una suscripción mensual a este servicio por congregación que les permite a todos los líderes de una iglesia local, descargar materiales para compartir en equipo y hacer las copias necesarias que encuentren pertinentes para las distintas actividades de la congregación o sus familias.

¿PUEDO EQUIPARME CON USTEDES?

Sería un privilegio ayudarte y con ese objetivo existen nuestros eventos y nuestras posibilidades de educación formal. Visita **www.e625.com/Eventos** para enterarte de nuestros seminarios y convocatorias e ingresa a **www.institutoE625.com** para conocer los cursos online que ofrece el Instituto E 6.25

¿QUIERES ACTUALIZACIÓN CONTINUA?

Regístrate ya mismo a los updates de **e625.com** según sea tu arena de trabajo: Niños- Preadolescentes- Adolescentes- Jóvenes.

¡APRENDAMOS JUNTOS!

e625.com   f 🐦 📷 ▶ / **e625**COM